東奧紀錄者——

疫情之下體育記者勇闖奧運

推薦序

回顧疫情之下的東京奧運，愛爾達電視從確定獲得台灣區轉播權後，早早開始佈署訊號工程、賽事轉播與採訪記者相關人力。

雖然台灣民眾沒辦法親自前往日本東京為中華隊加油，但透過愛爾達特派小組的現場採訪，搭配愛爾達體育家族共六個頻道、八百小時的轉播製作，讓全台體育迷，零時差掌握東奧中華隊第一手資訊。

前進日本東京奧運採訪的路上，從出發前到抵達後，台灣聯合採訪團都遭遇許多前所未有的挑戰，不論是最高規格的防疫、場館諸多限制再到與東奧官方斡旋談判等等，都考驗聯合採訪團的應變能力。

很開心在中華隊創下奧運史上最佳成績的同時，聯合採訪團能在現場親眼見證、報導台灣健兒的奪牌榮耀時刻，並且以最快速度製作出新聞專題報導，與全台民眾共同分享。

《東奧紀錄者——疫情之下體育記者勇闖奧運》，作者魏楚育，身為愛爾達指派的聯合採訪團組長、防疫聯絡官，從他的觀點記錄最完整的東京奧運新聞專題幕前、幕後。用活潑生動的文字，敘述東奧採訪小故事，絕對可以讓全台體育迷再次回到二〇二一年夏天，一同守在電視機前觀賞奧運，忘情幫中華隊加油的美好時刻，也能從此書中看到更多面向的東奧，甚至是東奧不為人知的採訪祕辛。

東京奧運對愛爾達來說，是甜美又艱難的一場勝仗，也是全體同仁共同努力的成果。

相信每一位閱讀本書的讀者，都會有自己獨特的東奧回憶，心中也會更加期待下次的大型國際賽，再次熱血幫台灣選手加油喝采。

愛爾達電視執行長

Sally Chen 陳怡君

推薦序

二〇二〇東京奧運，對我和搭檔齊麟來說都是夢幻又不可思議的一段旅程，從預賽第一場輸球到最後拿下夢寐以求的奧運金牌，至今回想起來還是充滿感動。

很開心也很感謝愛爾達電視，從「麟洋配」剛合體時就不斷記錄、報導我們的比賽與日常訓練，每次接受愛爾達專訪，都能感受到自在放鬆，也能侃侃而談自己的羽球路。東京奧運前在左營國訓中心接受楚育專訪，也可以感受到楚育對選手的尊重與用心，說是專訪我更覺得像是跟老朋友在分享彼此的生活。

東京奧運前我跟室友王子維聊到，幾年前自己還是打乙組比賽，甚至自己都做好高掛球拍轉職的準備，沒想到能與齊麟及陳宏麟教練一起闖進奧運殿堂，並且寫下台灣的歷史新頁。

愛爾達從我們東奧預賽輸球，一路詳細記錄報導整個奪金之路。當我們表現不佳時，楚育在場邊採訪時，始終耐心給予我們時間調整一下情緒，對我們的回答也都給予正向的鼓勵。當我們贏球時，第一時間在場邊看到熟悉的愛爾達，心情上真的會特別開心，迫不及待想暢談剛剛場上的一切，還有場外有趣的小故事。

在東奧奪金的那個晚上，感謝一路走來的許多貴人，也特別呼籲大家重視羽球教練、防護員、訓練師以及整個團隊的貢獻與福利，當時楚育原封不動地把整個訪問如實呈現在新聞中，讓大家了解到原來這塊奧運金牌，不單單只是場上運動員的努力，更是幕前幕後整個團隊齊心協力才能拿下的共同目標。

奪牌之後是一個階段的結束，我相信未來還有許多艱辛的挑戰，我會繼續享受在球場上的每個瞬間，並保持初心打出屬於我們的「態度羽球」。謝謝所有台灣球迷的支持，也謝謝愛爾達對台灣羽球的重視，我們會繼續盡力拼搏，也希望大家能夠享受這本淚中帶笑的《東奧紀錄者——疫情之下體育記者勇闖奧運》。

東京奧運羽球男雙金牌 李洋

二〇二二年九月二十七日

推薦序

在備戰奧運的期間，收到很多的採訪邀約，然而不擅長面對採訪的我，對收到採訪邀約這件事，都抱持著能說得快一點最好，即使提前知道了訪題，但只要鏡頭和麥克風拿到我眼前就會整個人當機。某天訓練後，教練和我說等等有採訪，要我回去盥洗準備一下，到了約定的時間我抵達拳擊場，知道是愛爾達的「東奧點將錄」，正好是楚育哥哥來採訪，但一開始我們彼此還不認識，不過楚育哥哥有先自我介紹說他之前也有拍攝過拳擊的紀錄片K.O.，我對這部紀錄片很有印象，因為在國中時紀錄片的主角有送我們一人一片，因而開啟了話題。後來就進入了採訪階段，整個過程我可以很自然的去應對每一個題目，這是我自己都覺得很奇妙的地方，可能是楚育哥哥自採訪前就有跟我說放輕鬆，我們就以聊天的方式採訪，帶給我的感覺真的很輕鬆自在，即使有些題目是其他家媒體也都問過好多次的，也能夠不厭其煩的一直講下去，以前可能也會被問到一些比較不喜歡被問到的題目，但楚育哥哥在先前也都會跟我確認訪題，我記得我有刪掉幾題，楚育哥哥也都還是笑笑的跟我說沒有問題，讓我在採訪前就很安心。因為整個奧運會的轉播也都是由愛爾達轉播，所以在奧運會開始前，楚育哥哥有在我們的訓練時間前來拍攝、觀看我們的訓練，也很關心我們每一個選手的狀況，本來教練有問我要不要訪問一下，但我當下還在控制體重在一旁悶汗，一回過神發現已經採訪完了，而且在我去換衣服的時候主席也有來替我們加油打氣，我一整個錯過了!!當時還真有點小失落哈哈。後來拳擊賽程開打，我的賽程是隊上最後一個上場的，尤其在第一天郁婷學姐意外落敗時，我整個信心其實很受打擊，當時我還是跟郁婷學姐同一房，比賽結束的當天我很怕打擾她，學姐也怕把情緒帶給我，所以她幾乎都不在房間裡，直到隔天學姐突然跟我說：「筱雯，接下來就靠妳了，妳有什麼需要幫忙就跟我說。」當下真的差點哭出來，一直想著學姐是鼓起多大的勇氣，跟我說這一番話，換做是我可能會一直躲起來。

接著也要了我上場的日子，也是八強要進四強的一戰，在這之前從十六強打起，第一場順利的五比零拿下勝利，也好在有愛爾達的賽事轉播，讓在台灣的家人、朋友都能第一時間取得我的賽程資訊，尤其阿公、阿嬤比較不會用手機去看轉播，所以在出發之前，我也有跟爸爸說記得要購買轉播頻道，方便在電視觀看，而且社群也在這段時間湧入了大量粉絲的關注和私訊，都在替我加油，當時真的覺得很不可思議，第一次感受這麼大，雖然有些人可能是第一次知道拳擊，甚至比賽了才知道我們這次拳擊有四位選手參賽，但我意識到大家真的開始關注到拳擊運動了！這真的都要感謝有愛爾達大大地替我們宣傳和報導！現在回想起來每一次賽程結束後要走回休息區時，都會先經過媒體採訪區，從遠遠的地方走就可以看到很熟悉的人在一個小區塊裡跟我招手，然後進行小採訪，但時間都不長，因為都會有工作人員來阻擾，其實當下真的會滿頭問號，我們才剛開始講沒多久呢？為什麼其他國家好像就都可以講很久，是不是我們被欺負了的感覺，直到看了這本書《東奧紀錄者——疫情之下體育記者勇闖奧運》，才知道原來我們的採訪團要進入到採訪區，必須經過一層層的申請手續，這真的是大部分人都不會知道的辛苦，即是是看著文字也能感同身受，不禁讓我回憶起當時在東京奧運的日子，讓我也忍不住期待著後續還有什麼樣的事情會發生？

東奧拳擊銅牌　黃筱雯

自序　東奧紀錄者的使命

東京奧運是史上最難、也限制最多的採訪，在疫情如此嚴峻的情況下，歷經延期一年，又因為二〇二一上半年日本疫情升溫，取消觀眾進場。所有比賽實況只能透過電視轉播以及記者媒體的現場報導，將第一手選手、賽事資訊傳回國內。

在台灣運動員努力備戰最高殿堂賽事的同時，我也在強化自己的內外在專業技術與能力，來應付體育記者生涯最大的一個挑戰。

愛爾達賦予我擔任「東京奧運聯合採訪團組長」一職，公司主管和前輩都有特別跟我提醒，對外要專業圓融、對內要使命必達，在奧運期間一定會遇到許多突發狀況，切記一定要用冷靜的頭腦去解決，並且用高EQ和智慧來面對所有問題。

以體育記者的年資來說，我算是中生代，過往在國內外採訪，也很少擔任發號司令、調度排任務的指揮官。東奧開幕前半年，我抱著謙虛學習的態度，嘗試擔任好聯訪團組長一職。東奧開始後，除了自己本身要負責的採訪任務以外，更多時間花在與東奧官方的來回溝通與協調，幾乎每天都從早忙到深夜，連長期以來的失眠問題都因為精神力透支而變得很好入眠。

過程中確實會有酸甜苦辣，也會有許多不為人知的情緒影響我的決策判斷，但回想起整個東奧採訪工作的過程，除了見證中華隊在奧運史上最佳成績之外，也在每天的工作中不斷進化成更強的體育記者。

整趟東奧採訪，我從一開始的興奮期待，到抵達現場後的焦躁不安，過程中的衝突失落，再到最後的任務完成，印象最深的就是朋友送我的一句話「笑到最後的才是贏家。」一開始在東奧遇到問題時，腦海中總是會出現許多負面的想法，接下來隨著每天遇到各種不同的難題，不同的情緒，慢慢也在工作時調整出最適合自己的東奧生存之道，那就是苦中作樂，所以這本書用許多幽默的風格，來敘說我在東奧每天發生的故事。

每個運動選手都有目標紀錄想要追尋，我也給東奧採訪行訂下目標，就是每則採訪新聞都要無愧於心，忠實紀錄台灣選手在奧運的熱血精神，同時加入我在現場觀察到有趣感動人心的故事。

因為這一次的東京奧運，讓我更加了解到體育記者的使命，我們不用獲得眾人的掌聲，掌聲是留給運動員的。我們需要的是呈現體育精神帶給民眾的正能量和啟發，這樣就是體育記者最驕傲的榮譽金牌。

這本書是給自己體育記者生涯的一個驚嘆號，也是送給國內體壇運動員的溫馨故事，因為有你們，台灣體育圈如此美好。

愛爾達電視台體育記者 魏楚育 謹誌

二〇二一年十月十日

目錄

2021
3.21

距離東京奧運開幕日倒數

125 DAYS

2021.3.21

兵馬未動，糧草先行

中華職棒三十二年開幕戰，在台南球場上演傳統好戲象獅大戰。我剛完成「東奧中華拳擊代表隊」，在高雄左營國家訓練中心的專題採訪，隨後我和同事馬不停蹄前往台南球場，採訪職棒開幕戰。

這天正式收到公司通知，愛爾達高層指派我擔任「東京奧運聯合採訪團」組長，在七月十四日，做為愛爾達採訪先遣部隊，和兩屆奧運攝影記者雄哥（郭雅雄），以及訊號工程部的幾位同事，先行前往日本東京。

先遣部隊將提早十天抵達日本，除了每天要產出奧運開幕前的話題、花絮新聞之外，更重要的，就是做為愛爾達在東京的窗口，和日本電通（Dentsu）聯繫、安排、申請所有奧運期間採訪相關事宜。

為什麼是日本電通呢?這邊就簡單說明一下「愛爾達」和「日本電通」，以及「奧林匹克廣播服務公司」（OBS）在奧運期間的關係。

奧林匹克廣播服務公司（OBS），主要的任務就是在奧運期間，統籌現場拍攝、轉播、傳輸每個賽場的賽事訊號，給各國家、地區獲得奧運轉播權的電視台，像台灣就是愛爾達。

日本電通（Dentsu），則是握有東京奧運、亞洲區的轉播所有權，因此台灣的電視台想買下東奧轉播權，就必須跟日本電通進行商業談判，最後由愛爾達獲得東京奧運、台灣地區轉播所有權。

「日本電通」就是「愛爾達」和「奧林匹克廣播服務公司」的中間橋梁，在東奧開始之前，會協助愛爾達以及台灣聯合採訪團其他電視媒體，申請採訪證件以及場館入場許可，同時給予防疫上的必要協助。

另外日本電通也會在愛爾達工程部同事，抵達東奧當地的國際轉播中心後，協助我們架設訊號傳輸的設備，讓直播賽事訊號能順利傳回台灣攝影棚，直播給全台民眾。

我在二〇一八年二月底，曾經前往日本沖繩採訪日本職棒讀賣巨人隊春訓，就有跟日本媒體公司商業往來的經驗，我知道只要遵守他們的規則，基本上採訪工作或是申請證件等等，並不會有太多的難點。

不過除了跟日本電通窗口交流之外，最令我頭痛的其實是擔任聯合採訪團組長一職。根據前幾屆亞、奧運前輩採訪經驗，基本上擔任聯合採訪團的組長，都會承受很多壓力和責難，尤其這次東奧不只有協調好愛爾達自己兩組採訪團隊的任務，還要安排協調好另外兩家電視新聞、四組採訪小組的任務分派（東奧聯訪團共六組採訪人馬可以調度，包括我自己這組）。

可能有人會問，就自己採訪自己的就好啦！沒必要組什麼跨公司的聯合採訪團吧。

如果今天愛爾達能一口氣派出三組、四組採訪團隊，確實我們沒有必要跟其他電視台組成聯合採訪團，但是每家電視台人力、預算有限，再來疫情之下的東京奧運，每個場館每天只開放同一採訪單位申請固定一組（一文字記者＋

一攝影記者）實名制入內採訪。

最後組成聯合採訪團，可以盡量確保每位中華隊選手都能被採訪到，不論奪牌與否，都盡量給東奧選手新聞版面，聯合採訪團每組製作的新聞素材，也會共享給聯訪團所屬電視台播出使用。

這樣就能讓採訪效益最大化，也避免會「漏新聞」的情況發生。

不過基本上聯訪團組長，就是會成為眾人的箭靶和指責的對象，因為不管怎麼分派，其他組員肯定多少都有意見，所以我一開始是相當排斥接下聯訪團組長一職，甚至有點不解為何公司高層，堅持要組成三家電視媒體的聯合採訪團。

公司主管和前輩鼓勵我，既然公司選擇我當組長，就是肯定和信任我的能力，雖然過去聯合採訪團都會吵吵鬧鬧，不過每家新聞媒體，還是都努力的把工作任務做完，與其一直想聯合採訪團會有那些狀況，不如想想怎麼樣讓這次疫情之下的東京奧運聯合採訪團，能夠改進過去的問題，一起打出美好的東奧採訪勝仗。

就這樣在職棒三十二年開打的台南球場，我心中有股莫名的熱血，從身體內不斷湧出，東奧聯繫窗口、聯合採訪團組長還有什麼難題都來吧！我會準備好迎接挑戰的。

讓我變成愛爾達的糧草，先行前往東京，開啟美好的奧運征程吧。

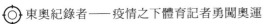

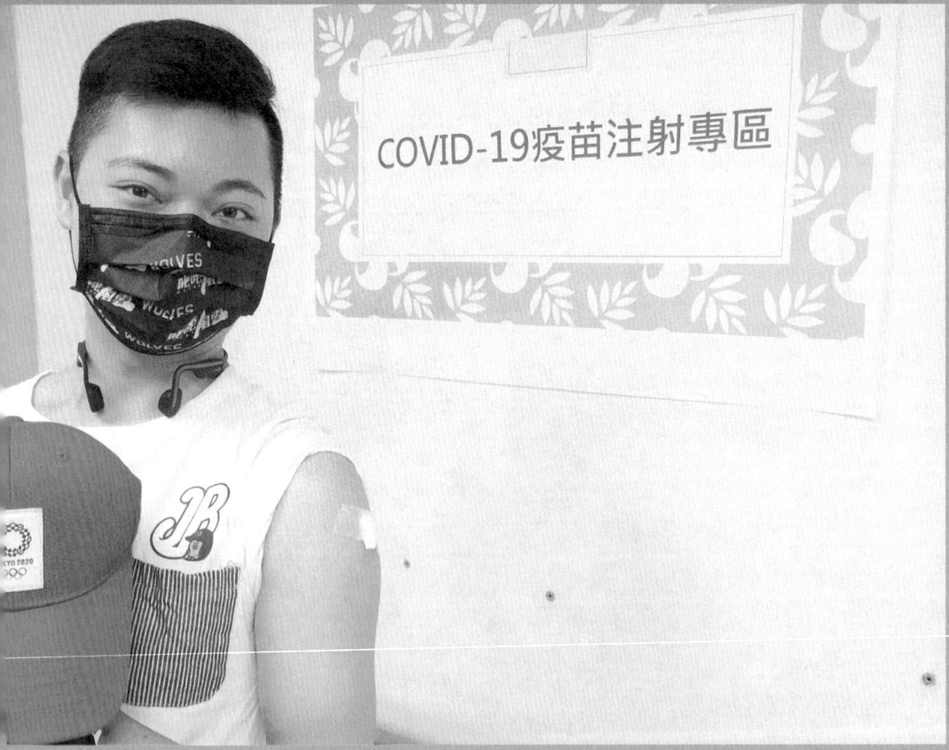
COVID-19疫苗注射專區

距離東京奧運開幕日倒數

91 DAYS

2021

4.23

2021.4.23

東京奧運，爭金奪銀，台灣英雄，世界有名

打完 AZ 疫苗第一劑之後過了十六小時。

清晨五點三十分，經過一整晚忽冷忽熱，體溫已經飆到三十八度，實在受不了只好爬起來沖個冷水澡。

當冰冷的水打在腦袋上的時候，這十六個字就突然跳出來。

「東京奧運，爭金奪銀，台灣英雄，世界有名。」

我邊洗邊不斷重複唸這句 Slogan，自己越唸越喜歡，洗完澡趕快把這十六個字寫下來，做為前進日本東京採訪時，每則新聞的主持開場白。

其實在這十六個字突然出現在腦海之

前，我已經想了快整整一個月，不管怎麼排列組合，怎麼腦力激盪，就是無法想出自己最棒的開場白，沒想到在AZ疫苗的加持之下，身體腦袋都熱熱的，居然就這樣在浴室中靈感湧現。我想這也是AZ疫苗諸多不舒服副作用當中，唯一給我的正向刺激吧。

距離東京奧運開幕日倒數

69 DAYS

2021

5.15

「中央疫情指揮中心宣布台北市、新北市升為三級警戒」

這天是手忙腳亂的一天，指揮中心前幾天才說不會隨便升到三級警戒，結果三級警戒來得又快又突然，愛爾達馬上公告全體員工採取A、B組分流上班，我所屬的B組，將在重慶南路的中華電信機房、第二攝影棚上班。

五月十五日，我本來中午過後，就要進入位在西門町漢口街的愛爾達總部，製作體育新聞。

三級警戒一發布，主管馬上通知我不用前往，我所需要的器材，筆電、新聞資料、東奧檔案硬碟等等，都會由同事幫我送到重慶南路機房，以避免跟A組的同事接觸。

怎麼也沒想到，這一個三級警戒就一路持續

到東奧開幕，我一直等到七月初，準備前往日本採訪的前幾天，才和 A 組的同事再見面了。

令人措手不及的三級警戒，除了打亂日常工作之外，也讓東京奧運採訪行前籌備增添許多變數。

不單單是台灣疫情升溫，日本當地疫情也不樂觀，東京都每日確診人數連續創下新高，國際奧會從四月底開始，就寄信給所有要前往日本採訪的國外媒體，「滾動式更新版東奧防疫手冊」。

從四月的第一版，一路到六月底的最終版，一共更新了三次，每個版本都跟前一個版本有許多的修正和新增，甚至除了三個版本的官方手冊之外，國際奧會也不定期寄信給各媒體，通知最新的防疫規範。

說實在話，真的每個版本手冊和每封臨時信件通知，都不斷造成各國媒體的困擾，完全無法確定很多問題的答案，每個月開的跨國線上視訊會議，針對最後的提問和解答，國際奧會和東京奧運籌委會常常給出模稜兩可的答案，讓全世界採訪媒體一頭霧水，只能且戰且走。

也是在五月，東奧方通知，由於日本疫情不斷加劇，每個國家的採訪單位，都要建立自己公司內部的「東奧防疫小組」，由至少兩位以上的人員，擔任「防疫聯絡官」，愛爾達防疫聯絡官是誰呢？

是的，正是在下！愛爾達副總 Winnie 指派我和另外一位工程部的弟弟，擔任東奧期間在日本的防疫聯絡官。

防疫聯絡官在正式出發往日本前，要撰寫所有團員的出入境企畫書，內容包括出入境日期和班機資訊、東奧官方媒體飯店地址、人員預計會前往的日本地區……等等。另外還要先學習「日本厚生勞動省」推出的防疫 app「OCHA」，再教導每位團員使用並填寫防疫個人資訊。

五月中台灣升到三級警戒後，愛爾達當時的轉播只剩下國外賽事還在正常進行，我負責 MLB 美國職棒和支援幾場 BWF 世界羽球巡迴賽轉播，其他時間就是不斷處理東奧聯合採訪團和防疫聯絡官的事情。

同時我和另外一位即將前往東奧採訪的文字記者李長勳，共同製作的「東奧中華隊點將錄」專題節目，每個周末帶狀式播出中，我恨不得每天都有三十六小可以用，只要早上一起床、腦袋一開機，許多的工作和資訊就像海浪，在腦中一波一波襲來，有時候晚上直接累倒在沙發上，就這樣迷迷糊糊睡了一整晚，隔天起來又是不斷的東奧工作循環。

就在這麼高度壓力和高強度的工作之下，出狀況了！

五月底有天早上，負責「東奧點將錄」後製剪輯的同事，急急忙忙打電話給我，問我要週末播出的專題的文稿和相關檔案。

我一聽完全傻眼，我記得很清楚，這周末應該是播出長勳負責製作的節目呀！我的應該是下週才播出的。

我打開線上表單一看，咦！怎麼專題播出表突然被改了順序，我完全都不知道也沒有被通知，當下失去理智，直接在公司 Line 群組上開罵，為什麼改播出順序，我居然是最後才知道的，而且這麼重要的事情，完全都沒有告知我。

我當時的語氣是非常直接的，直接針對長勳開罵。長勳看到訊息後也有點生氣，他說我應該自己去注意線上表格的變動，而且有問題也可以私底下問他，不需要這麼生氣直接在公司群組上開嗆。

我實在氣不過，因為在這個事件發生之前，已經好幾週的專題播出順序都被改來改去，我都是後面才被通知，甚至有點措手不及，所以真的一下子氣就上來。

「東奧點將錄」製作人、愛爾達體育新聞製作部長官陳欣宏，看到我和長勳在群組上吵得不可開交，趕快出面調停，說下午召開東奧點將錄臨時視訊會議，有什麼話就當面講開。

下午視訊會議前面都是例行性的確認製作情況，後半段欣宏哥讓後製剪輯同事先行離席，視訊會議只剩下我和長勳還有欣宏哥三個人。

「我不介意被改播出順序，但要改動難道不用跟當事人通知嗎？」我氣憤的說。

「播出順序本來就是我負責安排，大家應該要每天都上去看哪裡有更動的呀！」長勳反駁。

「我們怎麼有可能二十四小時都在線上隨時注意哪裡更動，照理來說應該是有更動的人，就應該跟相關人員說一下吧！」我繼續說。

「長勳，擔任統籌指揮，就是要盡到告知相關人員的責任和義務，今天做了什麼樣的更動都要主動告知，這才會讓大家都好做事。」欣宏哥説道。

「可是……我覺得也沒有必要在群組上直接這樣開嗆吧！」長勳説。

「我這麼相信你，結果被改成這樣亂七八糟，這樣是要怎樣做事啦！」我失控大吼。

視訊會議氣氛降到冰點，三個人都沉默了。

「這件事情純粹是溝通上的問題，長勳你未來在進行任何更動時，都要跟相關人員告知，不能説就讓大家自己去看去查。」欣宏哥説。

「楚育你也不用氣到要在群組上開嗆，有什麼問題可以直接跟當事人溝通詢問，大家都是同一個團隊，都是為了節目能順利播出和內容好看，不會特別誰要惡搞誰這種事情的。」欣宏哥説。

「楚育，我真的不知道你會這麼生氣，我想我處理方式確實有不妥，我跟你道歉，我真的希望我們關係能和好。」長勳心平氣和説。

「楚育，我知道你擔任聯訪團組長還有防疫聯絡官，要處理很多事情和承擔很多壓力責任。長勳也是看你這麼辛苦，主動跳出來幫忙東奧點將錄的製作編排，團隊不能只有一個人好，要共好！老闆看到的不是只有你個人，是整個愛爾達東奧採訪團，你要負責讓大家都表現好，都被老闆看到也被觀眾看到，這才是優秀的組長。」欣宏哥補充。

欣宏哥這番話，確實讓我有當頭棒喝的感覺。確實從我成為聯訪團組長和防疫聯絡官後，一直都習慣單打獨鬥，什麼事情都只想到自己好就好，忽略必須要讓大家「共好」這件事。

「這件事情我確實有點反應過度，我也跟你道歉，接下來我們繼續密切合作和溝通，凡事多確認幾遍，避免類似的情況發生。」我跟長勳說。

「這就對了，寧願多確認，也不要都沒確認，結果產生誤會影響彼此的和諧。」欣宏哥說。

「楚育，你一直都是我學習的榜樣，我也還會有很多地方是需要你指導和給意見的，希望你不要生氣，我們接下來到奧運結束前，你如果覺得我表現不好，或是什麼想法都可以直接跟我說。」長勳說。

「我知道了，也謝謝大家容忍我的脾氣。」我說。

「如果不是分流上班只能視訊會議，我真想現在就去抱你一下。」長勳深情款款的說。

「大、大可不必。」我笑笑回應。

總之這起「轉播表恩仇錄」誤會算是化解，最後全部十三集「東奧點將錄」，都在我們前往東京前，製作完畢並順利播出。吵架完當天下班回到家，我傳訊息給長勳，我說還好這件事情是發生在前往日本之前，如果是發生在奧運採訪期間，可能真的會更影響內部和諧，到時候可能會造成更嚴重的後果了。

#一起成為中華隊
ELT VR 4K
ELT VR 4K
ELT VR 4K
ELT VR 4K
ELT VR 4K
6
STARLUX
BUSINESS
tigerair

距離東京奧運開幕日倒數

9 DAYS

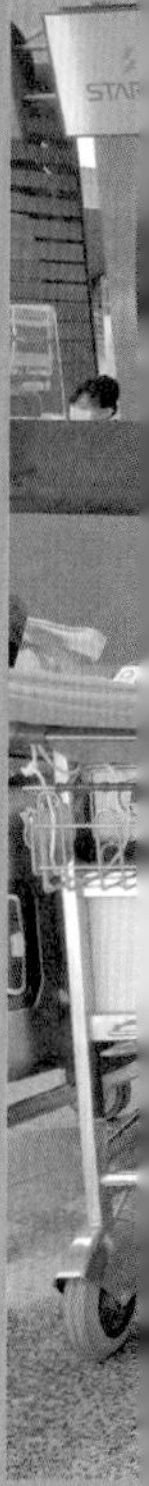

2021
7.14

關關難過關關過！

不管事前做了多充分的準備，真的等到出發日這天，心情還是會充滿忐忑。

前面有提到，這次東京奧運聯合採訪團，一共分為兩批人員，第一批就是我和攝影記者郭雅雄，還有愛爾達訊號工程人員，以及聯訪團另外兩家電視台的兩組記者夥伴，率先出發前往日本東京。

表定清晨五點三十分點在愛爾達公司樓下集合，我大概三點三十分就起床了，整個晚上其實也沒怎麼睡，翻來覆去不斷想著，是不是還有什麼裝備沒帶到，然後又爬起來檢查一遍行李。

當怎麼樣也無法入睡時，突然想到東奧籌委會要求所有前往日本的媒體，都要安裝

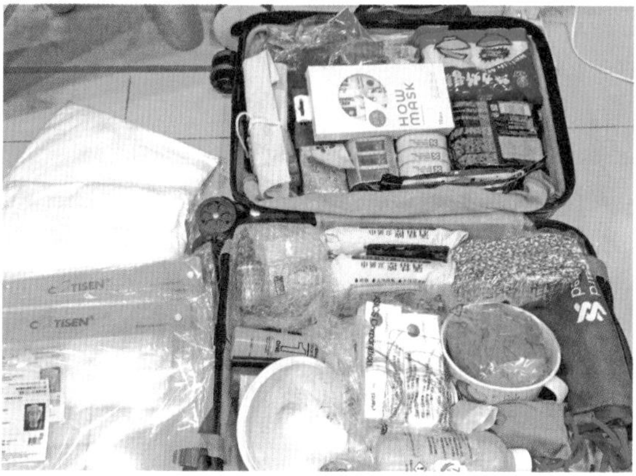

疫情之下出國，行李一半都是防疫物資。

充滿期待卻又不安的心情準備登機。

愛爾達第一批前往東京的人員：採訪組、工程部。

兩個防疫 app——OCHA、COCOA。

「OCHA」，做為入境日本最主要的防疫通關 app，也會在奧運期間作為每日健康回報系統使用。

「COCOA」，則是厚生省追蹤外國人足跡的防疫 app，也會在疑似確診或確診時，作為通知當事人，給予適當醫療照顧的聯絡系統。

最麻煩的就是 OCHA，因為在入境日本前，就要填好許多資料，還好防疫手冊中都有步驟教學，我在睡不著的夜晚再次輸入、確認好我的手機 app 資訊。真的不誇張，如果沒有事先填好，光是用手機操作輸入每個資訊，大概就要花上二十到三十分鐘才能完成。

完成後才會出現一個專屬的 QR Code，抵達日本入境通關掃描使用，沒有出現 QR Code 就無法開啟入境日本的程序。

清晨六點抵達桃園機場，我和愛爾達團隊進行最後的裝備確認，並且和聯訪團其他兩組記者（共四人）會合，大家慢慢移動到星宇航空的櫃台準備報到。

原本我以為會很順利，結果星宇的地勤相當熱心要幫我們檢查 OCHA 的資

愛爾達第一批赴日人員共六人，採訪組兩人，工程部四人。

訊是否正確，我才發現愛爾達除了我之外，其他人都沒有完整填寫系統要求的訊息。

問題不大，我趕快拿我的手機幫大家輸入，甚至還左右手各一支手機，左右開弓幫大家輸入資訊，終於讓每位愛爾達團員，都出現專屬的入境QR Code，我轉頭看另外兩家聯訪團記者，他們早早就拿完機票準備要去過安檢了，他們還很疑惑問我，怎麼我們花這麼久時間還沒拿到機票，我也問他們是否都完成OCHA的資料填寫，他們給我的答案是肯定的，因此我也沒有多想。

疫情之前在機場報到櫃台，從報到再

到領機票，並完成行李托運，應該每個人五到十分鐘就可以搞定。

疫情之下，尤其還是前往東京奧運，每個人完成上述步驟都要耗費二十分鐘左右！

好不容易完成報到和托運行李程序，往下一站隨身行李安檢移動。早上七點的安檢區，只有我們聯訪團和不到十個其他乘客準備過安檢，安檢人員因而變得嚴格許多，好多件行李都被重複掃描兩三遍！畢竟是疫情之下，安檢也是馬虎不得。

當我過安檢時，我的手提登機箱被兩三位安檢人員仔細觀看，我心想不會吧！我又沒有帶什麼情趣……啊不是，沒有帶什麼危險物品呀！

結果安檢人員跟我說，要開箱檢查，因為他們看到一個很像手指虎的東西，我瞬間鬆了一口氣，跟他們說，那個是手指虎造型的運動相機 Go Pro 手持支架啦！要開箱給他們檢查當然沒問題，後來我才知道，原來手指虎也是不能帶上飛機的危險物品。

安檢人員親眼看到手指虎造型的塑膠手持支架後，也笑笑的說這個沒問題可以帶，才總算通過安檢環節。

接著大夥兒慢慢往登機門休息區移動，原本熱鬧的免稅商店和餐廳，開店率不到三成，大部分都是拉下布幕沒有營業，主要還是受到疫情影響，再加上清晨時段，商店為了節省成本和人力才會沒開。

我心中其實有點酸酸的，疫情之下首當其衝的就是國際旅遊業，曾幾何時，熱鬧非凡的桃園機場變成冷冷清清的，習慣去逛的那幾間名牌精品店……開玩笑啦，我最多只逛得起名產店也都沒營業。

抵達星宇航空的登機門休息區後，大家休息的休息，換上防護衣的換上防護衣，我穿上防護衣後，馬上和攝影雄哥開始討論要製作什麼樣的新聞。

剛剛從機場櫃檯報到，一路到過安檢以及登機門，雄哥都有不斷用 Go Pro 紀錄，我們就決定製作一則「愛爾達東奧採訪團出發日」的新聞，介紹一下疫情期間要前往東奧採訪，一路上會遇到那些困難和波折。

我和雄哥來到桃園機場 A2 登機門休息區的大階梯取景拍攝，我也說出了東奧出差採訪，第一次的經典十六字開場白。

「東京奧運，爭金奪銀，台灣英雄，世界有名。愛爾達東奧特派小組，第一批人員，七月十四日一大早，來到桃園國際機場，準備出發前往日本東京。在疫情籠罩全球之下，這一次採訪奧運會，到底會遇到哪些的困難，現在就跟著我們的鏡頭一起來看看……」

經過三個半小時的飛行，降落在日本成田機場，一走出飛機艙門還在接駁空橋上，日本的入境指揮人員，就要求我們準備好出示手機上的 OCHA QR Code，聯訪團攝影記者不約而同想拿起攝影機，拍攝記錄整個入境程序，結果馬上遭到日方人員阻止，聲明從入境程序開始都不能拍攝，一直到前往行李轉盤後才能開放拍攝。

但是台灣人會這麼乖嗎？當然不會，沒有攝影機，就只好用手機或是 Go Pro 隨手拍一下。

聯合採訪團被集中安排於降落後最後下機。

東奧聯訪團走特殊通道，等待快篩結果。

走到接駁空橋的出口處，有大批奧運防疫官員、機場員工和奧運志工大陣仗守候，那個時段只有我們一台飛機抵達，也只有台灣聯合採訪團的人員需要走特殊的奧運通道，因此日方人員查驗特別謹慎仔細，愛爾達團員包括我，出示 OCHA 的 QR Code 都沒有問題，順利通過第一關人工查核，準備前往下一關檢查七十二小時內 PCR 核酸陰性報告。

但狀況又來了，聯合採訪團另外兩組電視台夥伴的 OCHA 都沒有出現 QR Code，我才知道為什麼他們在桃園機場報到櫃台會這麼快的原因，因為他們的地勤根本沒有幫他們檢查 OCHA 資料是否妥善。

前面說過，如果要從零開始輸入 OCHA 每個資訊、資料，要花上二十分鐘才能填完，我趕快打開我的 OCHA 要協助聯訪團另外兩組記者夥伴，但東奧官方人員一直跟我說，他們會有專員協助聯訪團成員輸入資料，要我先跟愛爾達的團員往下一關前進，避免都塞在接駁空橋這邊。

我還在想，出發前聯訪團夥伴不是都在群組上跟我說都有「詳閱」東奧防疫手冊，剛剛在桃園機場也信誓旦旦跟我說 OCHA 都沒問題，怎麼現在第一關就出狀況，但既然日方要我往下一關前進，我也愛莫能助了。

我跟著愛爾達團員慢慢往下一關前進，光步行就要走快五分鐘，還好有兩位機場引導人員帶領，是兩位可愛的日本小妹妹，其中一位一直看著我，看得我都有點害羞，然後她突然開口。

「請問你們是台灣來的媒體嗎？」日本妹妹用非常道地的中文問我。

「對呀！我們是台灣來的體育電視台，要來採訪奧運，妳也是台灣人嗎？」我開心地回應。

「我媽媽是台灣人，爸爸是日本人，小學畢業就從台灣回到日本讀書了。」日本妹妹……應該說台日混血妹妹回道。

「這樣呀！難怪妳的中文聽起來很有台灣味，那妳是在機場工作嗎？」我忍不住好奇繼續問道。

「我算是在日本旅行社工作，然後奧運期間被公司派來機場支援，協助中文系國家媒體和運動員完成入境程序。」台日妹妹回答。

「那真的辛苦妳了，我們比台灣的運動員早一個禮拜先來，因為我們要先記錄一些東奧開幕前的準備工作，像妳這樣的工作就很辛苦也很偉大。」如果只用文字來把妹，我應該可以把遍天下。

「也、也沒有啦！你們比較辛苦，等一下有什麼問題都可以問我喔。」妹子害羞但開心的説。

「問題喔，請問妳的 LINE ID 是……」這句是我心中想問的，但我沒有問。

「妳還是大學生嗎？看起來很年輕的感覺！」這才是我真正講出口的。

「對呀！我大四，然後在旅行社打工實習，加上會中文，所以才有機會在奧運期間來機場協助。」妹妹跟我越聊越開心。

就這樣跟著台日混血妹妹來到第二關，檢查核酸檢測報告以及 OCHA 初步認證，一路上不斷跟我説説笑笑，聊著很想念台灣的食物和老家，那個妹妹是可愛型的，雖然隔著口罩，但我可以感覺出來，她一定是可愛的女孩子。

不過雖然聊在興頭上，還是要先把通關程序趕快處理完，在抵達日本之前，就大概有心理準備，從下飛機到通關完成領行李，再怎麼快大概也要兩個小時。

第二關將準備好的資料文件，都出示給機場防疫工作窗口人員看，沒問題後就會產生一個新的 QR Code（第二個），作為下一關領取唾液快篩的憑證以及追蹤每個入境旅客的依據。

當我在第二關等待時，混血妹妹被叫回去協助在第一關卡關的聯訪團夥伴，我問她，待會還會見到面嗎？（其實應該是問她，待會還會不會跟著我們通關。）

得到她肯定的答案，我還開玩笑的握拳說：「よかった！」（日語：太好了）。

接著她就跑回去第一關，卡關的兩組聯訪團成員，有一組已經順利通過第一關，也來到第二關跟我們大部隊會合，但還有一組卡在第一關。

原本已經準備輪到我要過第二關的程序了，結果遠遠聽到喊我的聲音。

「魏先生，魏先生，請等一下～」我一回頭看到混血妹妹朝我飛奔過來。

「怎麼了嗎？」我問。

「你的同伴，好像遇到一些困難，東奧的工作人員都沒辦法幫他們，他們想請你回去協助一下。」台日妹妹氣喘吁吁的說。

其實我有點愕然，我都準備要過第二關了，現在還要走回去第一關……

但轉念一想，出發前老闆就有特別跟我交代，不管是愛爾達的夥伴還是聯合採訪團的成員，一個都不能落下（No one left behind），只好跟著台日妹妹再快步走回第一關協助。

回到第一關看到友台聯訪團成員，兩個人被帶到一個房間，有兩位南亞裔東奧工作人員在協助他們輸入資訊，但兩位工作人員感覺也是剛上班不久的樣子，好多資訊都不知道如何協助，我趕快拿出我的手機，打開OCHA，再度手把手，一步一步一字一字幫夥伴輸入，一整天總計下來，就幫五位第一批出發的成員完成OCHA app的資料輸入。

又折騰了快十分鐘，終於最後兩位聯訪團成員都出現了第一個QR Code，經過東奧人員的確認後，總算大家都可以往第二關移動了。

「おめでとう！」（日語：恭喜）台日妹妹笑著跟我說。

「よかったね～」（日語：太好了）我回應。

再一次走在通往第二關的路上，台日妹妹看來已經相當信任我了，不斷想找話題跟我聊天。

「你是台灣的組長嗎？」台日妹妹問。

「你是說山口組還是……」我開玩笑的說。

「開玩笑啦！我算是小組長沒錯啦！我負責聯繫還有安排規劃這一次東京奧運的行程和細節。」我盡量保持謙虛但鋒芒初露。

「聽起來好厲害捏！那你們會待到什麼時候呢？」台日妹妹問。

「我們會一直待到八月喔，大概三個禮拜都會在日本採訪。你有喜歡的奧運或是運動選手嗎？」我不能一直被問，偶爾也要回敬一下。

「我嗎？我喜歡那個籃球選手 Watanabe（渡邊雄太），他好帥又很厲害。」台日妹妹說。

糟糕，我的年代是看田臥勇太長大的，渡邊雄太只有偶爾製作 NBA 新聞會看到。不過至少還是可以跟妹子聊著體育話題，她說她對棒球還好，但大谷翔平現在變成所有日本人的國民英雄。

就這樣第二關全體都順利通過，再來就是前往唾液快篩，在等待唾液快篩結果前，全部人又被帶到一個休息區暫時等候，台日妹妹說大概要等三十到四十分鐘才會知道結果。

同時她也跟我們索取東奧的官方採訪證，等待檢測報告出爐的空檔，她會幫忙拿去護貝證件還有開卡，這樣我們最後領取行李後，就會被引導到東奧官方的接駁車，憑證上車前往東京市區。

在等待檢測結果出爐的空檔，我趕快整理一下接下來機場通關的資料，同時跟台灣公司端回報當前狀況，然後想著待會那位可愛的台日妹妹回來，我一定要去跟她要 Line 或是 IG。

等了半小時，台日妹妹和她的同事回來，拿著熱騰騰剛開卡好的證件交給聯合採訪團的大家，同時宣布聯訪團檢測結果都是陰性，可以前往海關辦理入境了。

在台日妹妹發證件給大家之後，我拿了愛爾達的紀念口罩還有中華隊小徽章送她，她也很開心，然後當我準備開口跟她要 Line 的時候，愛爾達公司同

事打電話給我，我跟妹妹說：「ちょっと待ってください～」（日語：請等我一下），然後接起公司同事的電話，走到旁邊聊了大概三分鐘。

當我掛掉電話，回頭要去找台日妹妹的時候，她不見了！我問聯訪團的夥伴，得到的答案是，妹妹說她下班了……

可惡啊！因為那通公司電話，害我失去異國戀的機會。說什麼錯過會遇見更好的，有時候錯過，就是錯過了。

完成東奧採訪證開卡程序後，再一路通過海關，都沒有太大的難題。

我率先完成海關入境，來到行李轉盤區，一位講中文的中國大媽志工向我們靠近，她穿著東京奧運志工背心，協助引導我們拿取行李以及最後的X光機掃描，通過行李檢查後，終於來到成田機場的入境大廳，大大的奧運五環LOGO，還有「TOKYO 2020」的招牌，就在大廳最顯眼的地方，敞開雙手要迎接來自世界各地的運動員、媒體來到日本，共襄盛舉東京奧運。

從飛機降落再到離開成田機場，搭上東奧接駁車前往東奧官方媒體飯店，前後大概花了三個小時，上了接駁車又經過了一個半小時車程抵達飯店。

每個東奧特約防疫飯店門口，都有一位輪班制的警衛，負責記錄所有媒體出入的時間，在抵達日本的前十四天，都必須遵守僅僅十五分鐘的外出時限。

沒錯，就是十五分鐘！從離開飯店最多只能走兩條街，在附近的超商還有餐廳買東西，如果沒有在時限內回來，警衛就會通報東奧防疫單位，違反規定的媒體都有可能受到處罰。

由於疫情關係，聯訪團成員都安排一人一間單人房，未來三個多星期，既是家也是辦公室，我在進入房間後，馬上趕著製作第一天的新聞「東奧採訪團出發！愛爾達入境日本全紀錄」。

第一天的工作都告一個段落，已經是日本當地時間晚上快九點，我才突然想到，我從凌晨三點三十分起床，一直到現在，只在飛機上吃了一頓飛機餐，現在一股餓意襲上心頭，但又很懶得出門買東西，只好打開行李箱，拿出一包維力炸醬麵搭配同榮紅燒鰻魚罐頭，再沏上一壺台灣高山茶，簡單卻溫暖的享受在日本東京的第一個夜晚。

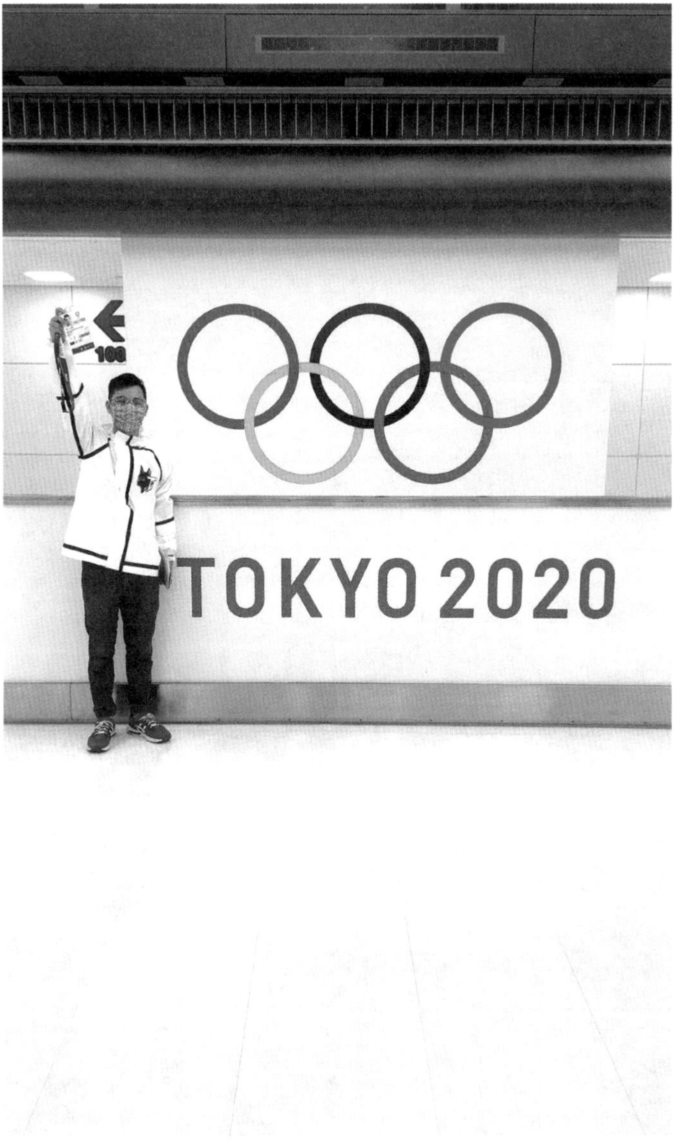

順利入境日本，採訪證開卡完畢，任務正式開始了！

dentsu
Official Rights Holder

距離東京奧運開幕日倒數

8 DAYS

2021
7.15

2021.7.15

首度開箱東奧媒體中心，原來這就是最高殿堂

「出國出差不知道下一頓在哪裡，所以早餐一定要吃到吐、吃到便秘。」

這是一位愛爾達美食達人兼大胃王同事，在我出差前跟我叮嚀的事情。我們下榻的飯店，附有自助式早餐，除了味噌湯、蜜漬番薯、日式炒麵等日式傳統料理之外，也有麵包、香腸、水煮蛋、沙拉等歐美式風格早餐。

我謹記前輩的叮嚀，第一頓飯店早餐，就吃得飽到喉嚨才罷休。

今天的重點要前往「國際轉播中心」（International Broadcast Cnetre, IBC）以及「主媒體中心」（Main Press Centre, MPC），跟日本電通的聯絡窗口相見歡，同時找到愛爾

達在國際轉播中心的傳輸辦公室，最後前往主媒體中心，了解有哪些軟硬體可以做為接下來工作輔助使用。

早餐吃得飽飽的，搭上接駁巴士前往國際轉播中心（IBC）。我們下榻的飯店，搭乘接駁車前往國際轉播中心，大概要二十到三十分鐘的車程。

IBC 國際轉播中心，是愛爾達工程部在東奧的大本營。

IBC 內部有許多新科技應用在轉播，如 VR、AR。

東京奧運國際轉播中心（IBC）和主媒體中心（MPC）都位於東京都江東區「有明東京國際展覽中心」（Tokyo Big Sight）。

抵達國際展覽中心第一步，馬上號召團員前往唾液快篩處，領取快篩試管，要在試管內吐大約 10-15c.c. 的口水，再封裝好、掃描 QR Code、輸入試管獨一無二的條碼編號，最後繳回到快篩服務台。

在抵達東京的前三天，每天都要做唾液快篩，接下來就根據每個東奧工作人員的防疫等級，有不同的唾液快篩天數要求，比如說運動員和教練，就必須天天快篩，媒體工作人員三天快篩一次，工程人員五天快篩一次。

所有團員都順利完成快篩後，馬不停蹄前往愛爾達在國際轉播中心的辦公室，那裡將會架設器材，傳輸奧運賽事轉播訊號回台灣，等於是台灣接收端和奧運廣播服務公司（OBS）的一個訊號中繼站。

在這裡工作的愛爾達工程部夥伴，會二十四小時輪班監看訊號傳輸是否正常，並挑選出中華隊的出賽訊號傳回國內。

抵達愛爾達工程辦公室後，同一個區域還有三家香港電視台的辦公室，包

國際媒體中心在東奧期間二十四小時開放，提供各國媒體作業。

括 I Cable 有線寬頻、TVB、now TV。

當團員都抵達辦公室後，愛爾達工程部的同伴開始架設器材，我則是趕快聯繫日本電通窗口，並帶聯訪團其他兩家電視台記者，前往跟日本電通窗口見面，詳細了解接下來採訪申請步驟和細節。

日本電通的辦公室，就在愛爾達辦公室的旁邊區域，走路過去不用一分鐘，抵達電通辦公室，對方窗口很快出來迎接我們，是一位叫做 Azusa 的日本輕熟女姐姐，小小一隻聲音輕輕柔柔……。

Azusa 和我們在日本電通的會客室相見歡，也安排了電通工程部的同事，前往愛爾達工程辦公室，協助器材架設和設定。

聯訪團則留下來和Azusa開簡單的東奧採訪申請說明會，在Azusa詳細有耐心的介紹下，聯訪團都大致了解接下來的採訪申請規則。

基本上是由台灣聯訪團組長，也就是我做為東奧官方的聯絡申請窗口。每個場館、項目的進入採訪許可，都必須在比賽前兩天的早上九點前寄信給日本電通，Azusa和她的同事核可後，就會幫我們轉寄給東京奧運官方。

每天晚上大約八點左右，電通會回信給我，告知場館申請許可的通過與否狀態。

唯二的例外就是開、閉幕式，開幕早在我還在台灣時，就已經送出申請，當天也跟Azusa有親自確認過，都沒有問題，第一次跟Azusa見面詳談工作內容，覺得她應該很可靠，有任何問題都可以給我們解答，我也趕快拿出準備要給她的台灣名產——兩包大禹嶺和梨山的台灣高山茶葉，我用英文跟她說。

「This is a special gift for you. Taiwan high mountain tea, very delicious and expensive. Keep it secret because is only for you.」（這是要送你的特別禮物，台灣高山茶，很好喝也很貴，不要跟同事說，因為只有送給你。）

我就說我還滿會撩外國妹的吧！Azusa 姐姐聽完笑得很開心，說她超喜歡台灣茶！

漂亮，這個應該有直球投到她心中，相信她接下來應該會幫我們處理打點好東奧的所有採訪許可。

感覺起來，在東奧正式開始工作的第一天，早上打通關都很順利。時間很快就來到中午，我和雄哥一起去國際轉播中心二樓的餐廳街探店覓食，國際轉播中心一共有兩個主要的餐廳集中區，第一個在國際轉播中心的二樓，第二個在國際轉播中心通往媒體中心中間的一樓。

國際轉播中心二樓餐廳區，有中華料理、南洋咖哩、日式便當丼飯料理三個選擇，通往媒體中心一樓有美式料理賣漢堡和披薩。

國際轉播中心一樓還有兩三間點心吧，販售三明治和輕食，而國際轉播中心和媒體中心，中間連通道有一間小小的便利商店。

在國際轉播中心的第一天中午，我們選擇前去日式料理餐廳用餐，我點了一份炸雞丼，要價一千日圓，以當時的匯率換算大約是兩百五十元台幣，一碗味噌湯、唐揚炸雞五塊、生菜沙拉一小碗還有一個醃蘿蔔，我覺得勉強還可以接受，重點是日式炸雞丼真的很好吃呀！

飽餐一頓後，下午從國際轉播中心慢慢走到主媒體中心（MPC），在國際轉播中心和主媒體中心的連通道，有一間只有十坪不到的東奧官方紀念品商店，這間店一直到開幕第一週都大排長龍。

從國際轉播中心走路到主媒體中心，約五到十分鐘的路程，國際轉播中心是各國工程團隊，尤其是轉播商所待的地方。

主媒體中心，是各國媒體採訪記者比較常使用到的地方，整個媒體中心座位目測超過三百個，每個座位都備有萬用延長線，可以適配各國的電源插頭，還有網路線、wifi帳密和透明隔板，工作起來沒有太大問題。媒體中心中間區域還有簡單的茶水站，不斷供應明治巧克力、餅乾、熱茶和咖啡。另外還有五台查詢電腦，可以用媒體註冊的東奧帳號，查詢賽事、選手動態和最新戰況。

媒體中心外圍也有相機、鏡頭租借服務站，可以在這裡購買官方照片作為新聞配圖使用。

媒體中心外面，是一個簡單的記者會廣場，奧運期間都會不定時在這裡舉辦一些活動，像是奧運官方記者會、福島縣食物安全說明會、日本奧運傳統文化介紹會等等，讓各國媒體可以前往採訪。

記者會廣場旁邊，各式各樣的布告欄和服務台，可以詢問交通住宿、手機網路租借使用、防疫最新資訊、唾液快篩服務台、緊急狀況聯絡櫃台等等，各國媒體記者只要有任何疑難雜症，幾乎都可以在這裡得到解答。

我今天的新聞主題「東奧媒體中心開箱澳洲姐姐有故事」，就是發生在主媒體中心座位附近，看到一位金髮的熟女記者姊姊，我先豎起耳朵聽聽她和同事使用的是什麼語言，確定是英文後，我簡單擬定幾個想要問她的問題，然後跑到她旁邊禮貌地開口。

「Excuse me, may I bother you couple minutes ?」（不好意思，我方便耽誤妳幾分鐘嗎？）

「Sure, what can I do for you ?」熟女記者姊姊親切的回應。

我跟她說我是來自台灣的體育台記者，方不方便採訪她，請她聊聊東奧的媒體中心和目前在東奧所遇到印象深刻的事情。對方也十分爽快，都還沒聽到我要問什麼問題，馬上答應，侃侃而談。

當我問到名字和國家，她說自己叫克里斯汀（Christine），來自澳洲，她連續第六次跑夏季奧運會採訪了……

等等，連續六次，我腦中高速運轉，她說第一次就是二〇〇〇年在澳洲雪梨辦的奧運會，那年我才十一歲！但眼前這位姐姐保養超好啊，看起來頂多四十出頭吧。

我原本是想請 Christine 聊東奧媒體中心的開箱，但聽到她居然連跑六次奧運會，馬上改變新聞重點，請她聊聊這次疫情之下的東京奧運，跟之前的奧運到底有什麼不一樣和印象深刻之處。

Christine 說，最大的不同就是沒辦法親自走在日本街頭，訪問日本人對於奧運的看法，但相比二〇一六里約奧運的危險混亂，她抵達日本後感受到的都是東奧的有條不紊、有問必答，還有每位志工的訓練有素，雖然疫情籠罩，但還是感受得到日本人做事情的職人精神。

來自澳大利亞的Christine，連續採訪六屆夏季奧運會。

她也跟我說，她覺得全世界應該只有日本，有辦法在疫情之下把奧運會辦得如此成功。

我接著問她，請她聊聊澳洲國家隊在東京奧運最強的團隊或是運動選手，她毫不考慮就介紹「游泳隊」！

後來澳洲在東京奧運一共拿下十七面金牌，游泳項目就包辦其中的九面！另外還有三銀九銅，幾乎是澳洲隊總獎牌數的一半。Christine姊姊也反問我台灣有那些有機會奪牌的項目，我跟她介紹舉重、射箭跟羽球，她也說她這次一定會特別關注台灣選手的表現。

一番談話後，發覺Christine兼具專業素養和溫暖的個性，我馬上拿出東奧外交送禮標配，愛爾達紀念口罩加中華隊徽章，Christine開心收下小禮物，也祝福我們工作採訪一切順利。

有的時候我覺得緣分很奇妙，特別是在東奧遇到的澳洲媒體同業，Christine只是第一個，後來在開幕式當天，我又遇到另外一個澳洲記者大哥，他也同樣專業和友善，也讓我的工作變得很順利，不過這就留到開幕那天再來分享了。

在媒體中心結束跟Christine的訪問，我和雄哥慢慢走回國際轉播中心，準備去國際轉播中心門口的接駁車總站，搭乘接駁車回飯店製作新聞，回程繞去愛爾達工程辦公室，關心一下工程部弟弟妹妹的情況，剛好遇到辦公室對面，香港「i-cable有線寬頻」電視台的記者，也在同一天開箱他們的辦公室，台港友好，兩邊很快熱絡起來，他們也客氣的詢問我能不能給他們訪問，我欣然應允！互相幫忙肯定要協助的。

香港同業主要問我從昨天入境日本到今天來媒體中心，目前遇到比較棘手的挑戰和困難，同時問我是否都有了解東奧相當複雜繁瑣的防疫規定。我代表受訪回答完後，也回問他們是否可以接受台灣媒體的訪問，結論是年紀相仿頻率相似的人，不管什麼國籍種族都會很容易變成麻吉，他們也推派兩位記者讓我訪問，結束後我眼神堅定地跟他們說。

「這幾年在香港從事新聞媒體真不容易呀！你們的辛苦和難為我們都知道，台灣會繼續支持你們的。」

香港媒體點頭如搗蒜，好像看到知音一樣，大家繼續聊天後才發現，原來我們住的東奧特約飯店根本就在同棟同層呀！他們還問我今天吃早餐的時候，是不是在自拍 vlog，還說要吃到便祕……

哈哈哈，這種細節不要記這麼清楚。

和香港媒體同業相互留下 FB 聯絡方式，也約定好接下來可以在採訪時互相支援協助，真真切切感受到什麼叫做「出差靠朋友這句話」。

開箱東奧國際轉播中心和媒體中心的這天，一切都是往好的面向發展，也認識了澳洲和香港的媒體同業，而我怎麼也想不到，香港同業居然會在接下來的東奧採訪當中，成為我的採訪作戰軍師。

TOKYO 2020
B11
TM-A527
TM-A525
M-A528
M-A537
M-A538
M-A565
M-A704
30

2021
7.16

距離東京奧運開幕日倒數

7 DAYS

2021.7.16

當你以為一切都上軌道，各種狀況接連報到

今天的採訪行程，主要還是集中在國際轉播中心跟媒體中心周遭的硬體設施介紹，因為開幕式之前，許多開往比賽場館的接駁巴士，都還沒有正式營運，如果想要前往比賽場館，只能依靠東奧官方計程車來移動。

在前一天晚上，我就有跟 Azusa 說我想要去拍攝國際轉播中心、門口的安檢通道，用來製作東奧安檢的花絮新聞，她原本說沒問題，會請相關人員協助安排，結果第二天到了國際轉播中心，她跟我說因為疫情狀況突然加劇，所以國際奧會沒有批准我們去拍攝採訪安檢區域的許可。

我驚愕不已，但也只能再問她後續還能找誰溝通或詢問拍攝安檢區域的事情呢？她

說要請我自行去服務中心櫃檯詢問。

不是吧！前一天才信誓旦旦跟我說會搞定，現在申請被駁回馬上推卸責任喔！但我還是耐著性子，前去服務中心的櫃台詢問，結果櫃台人員請我打電話或寄信給某個國際奧會的長官。

OK，我立刻寄信過去跟東奧長官說明我們想要拍攝的需求和情況，長官很快就回信了，信中卻表示，這個不是他的權責管轄範圍，請我找別的單位申請。

我相當無奈，納悶我到底要找誰才能申請，每個長官或是聯絡窗口的態度跟前一天相比一百八十度大轉變耶！高山茶魔力難道只有一天嗎，我有點慌亂也很焦慮，後來還是老經驗的雄哥說，他先去安檢區域那情況，說不定直接跟他們那邊現場長官溝通就可以拍攝採訪了。

結果還真的被雄哥說中了，因為我們不是第一家去拍攝安檢區域的新聞媒體，我們想得到的新聞點，其他國家當然也有類似想法，我硬著頭皮，用英、日語夾雜地詢問安檢區域的長官，是否可以讓我們拍攝整個過關檢查的流程。

安檢中心長官大概也知道我們的意圖，確認我們的證件，並且用無線電和更高層的長官詢問後，終於獲得可拍攝的許可，安檢人員也相當配合演出，每個環節幫我們示範操作一次，確保畫面的豐富度，最後我們也在安檢中心外面，採訪了兩位國外記者，請他們聊聊東奧安檢和防疫的簡單心得，才順利產出今天的新聞。

但似乎東京都連續兩天確診破千，挑起了東奧籌委會和國際奧會的敏感神經，連帶影響日本電通回覆我們的速度和工作效率。

說實話，回覆快慢我不在意，我在意的是有問題想尋求協助，本該負責協助我們的日本電通窗口卻也一問三不知，造成我們工作上的困難。

另外一個煩惱的，就是隨著日本疫情不斷升溫，還是有很多外國記者不理會防疫規定，光是這天我在媒體中心工作時，就看到至少三個不戴口罩，或是配戴方式不合規定的人員，被現場志工糾正後，不到五分鐘又故態復萌。

如今，我開始慢慢感受到東奧的採訪政策朝令夕改、台灣媒體求助無門還要面對看不見的防疫壓力。

也是今天開始見識到東奧的「佛系」防疫和諸多漏洞，當天下午我和雄哥在媒體中心製作新聞，又遇到前一天認識的香港媒體，我過去找他們聊天，也送了兩包台灣餅乾給他們，結果他們跟我說，他們中午吃麥當勞！

什麼!?麥當勞？我逛這麼徹底也沒看到麥當勞呀！

香港媒體跟我說，直接走出去買就好了，就在展覽中心對面，過一個天橋走路五分鐘就到了。

我問他們說警衛都不會攔阻嗎？

他們說不會呀，大大方方從大門走出去，根本沒有管制。

聽到他們講這句，我下意識地默默往後退，跟他們拉開安全距離，然後說我先去忙囉，回到座位馬上用酒精噴霧消毒。

結論就是，原來東京奧運的防疫規定，是給守規矩的人使用的。

TERNATIONAL
RANSMISSION
CR

距離東京奧運開幕日倒數

6 DAYS

2021
7.17

為了工作，我可以忍

經過昨天東奧官方的政策反覆不定，今天帶著惴惴不安的心情開啟工作，今天請日本電通協助安排，準備前往國際轉播中心的「奧運官方廣播服務公司」（OBS）拍攝採訪，結果意外又來了！

原本協調好會請奧運官方廣播公司的總經理出來代表受訪，這位總經理也是我們還在台灣時，每個月都會跟全世界媒體開線上視訊說明會的人，逐月跟我們更新採訪和轉播規則。

但由於七月中，日本疫情和許多場館器材訊號傳輸都還沒有到位，奧運官方廣播公司最後只派了一個基層員工出來協助導覽，但當我詢問是否可以採訪他時，他拒絕我們的訪問要求，也說沒辦法幫我們協調其他人來受訪。

對於電視新聞來說，沒有受訪者是一間很奇怪的事情，加上我們的新聞也還要供應給友台聯訪團其他兩家新聞台，因此新聞格式上還是要有受訪者。

沒關係，就至少先把奧運廣播公司的畫面先拍攝起來。走進奧運官方廣播公司的工作區域，真的有一種逛大觀園的感覺，最新的器材、寬敞的工作環境，光是電視牆就有超過五十個螢幕，主要分為比賽訊號監看部門、音訊控制部門、國際訊號傳輸部門還有奧運賽事精華製作部……等。

每個不同部門區域的辦公室，至少都有五十坪，東京奧運在轉播上，大量運用4K、8K超高畫質的拍攝訊號，另外也開始廣泛運用VR、AR技術，讓觀眾可以有更加身歷其境的觀賽體驗。這些新技術的運用，都考驗奧運廣播公司的工程硬實力。

在奧運期間，奧運廣播公司將會統籌負責製作九千五百小時的賽事轉播，台灣愛爾達整個東奧轉播時數加起來大約是七百小時，就知道奧運廣播公司的任務有多重要，所以我可以理解他們高層忙得焦頭爛額，不想花時間出來受訪的原因。

但參觀完奧運廣播公司，我們還是缺少受訪者訪問，當我毫無頭緒的時候，雄哥展現神隊友的時刻到了，他提議我們去採訪日本電通的工程部部長。

日本電通是奧運廣播公司和各國持權轉播商的訊號中繼站，問他們工程部人員其實也可以問到跟奧運傳輸工程相關的問題！

對呀！雄哥真的是智將，我趕快打電話給 Azusa，跟她詢問是否能採訪日本電通工程部的組長，結果五分鐘後我們就在日本電通工程部的門口了。

日本電通工程部組長是一位旅居新加坡的帥氣英國大哥 Floris，他得知我們的需求後，也非常友善親切，先帶領我們到日本電通的工程部參觀，那邊進去拍攝也是要提前跟日本電通申請的，不過 Floris 說不用這麼多繁文縟節，就直接帶我們進去他的秘密基地，參觀完之後，也分享他們這次要負責的相關工作細節，我們也終於順利完成採訪任務。

我想如果沒有雄哥的靈機一動，今天的新聞真的會非常難產，我也會更加焦慮緊張。

奧運官方廣播服務公司，將主導並協助賽事訊號給各轉播商。

奧運官方廣播服務公司，部門多元，員工也來自世界各地。

除了傳輸訊號，也有剪輯部門，提供新聞素材帶給欲購買的各國媒體。

進到奧運官方廣播服務公司內部，見識到世界最頂尖的轉播器材、技術。

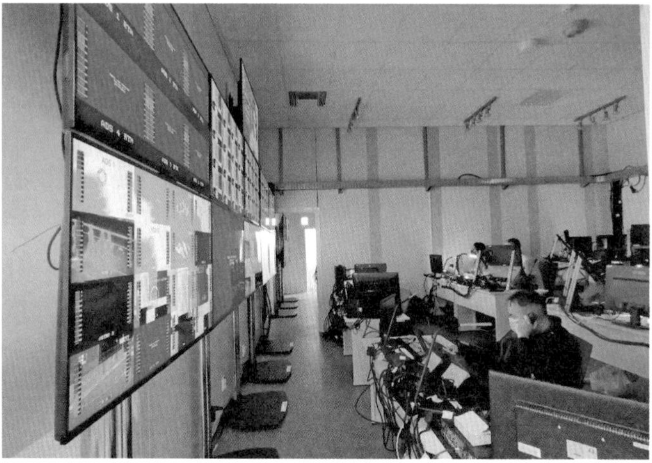

日本電通工程部，相當於訊號傳輸的中繼站。

對我來說，新聞採訪、用英文跟外國人溝通都是小事，最大的問題點在於東奧每天都有太多事情充滿不確定性，許多原本說好的規劃，在最後一刻被翻盤，但對於台灣公司端還有觀眾，只會看到結果，關注新聞最後是否播出，並不會看到過程中，我們和日本電通、東奧官方的斡旋和溝通。

基本上今天工作起來，都不斷地在軟磨硬泡，厚著臉皮才有辦法讓新聞順利產出，花在溝通和拜託的時間，就幾乎耗去半天。但為了工作我可以忍！我甚至都已經做好隨時要下跪拜託對方受訪、讓我們拍攝的覺悟了。

拍攝採訪都集中在上午，下午又移動到媒體中心製作新聞，當我和雄哥把新聞都製作完畢，順利傳回台灣端後，發現已經接近日本時間下午六點，一整天下來只吃了飯店的早餐，可能因為情緒緊張和腎上腺素的支撐，肚子並沒有想像中的飢餓難耐。

看了一下接駁車時刻表，還有大概一個半小時才會有接駁車從接駁總站回飯店，於是我和雄哥決定去國際轉播中心和媒體中心中間連通道的便利商店覓食。

東京奧運所有場館有個特別之處，大家都知道日本什麼最多，自動販賣機最多，而且密度之高我想應該是全世界第一名，東奧的場館內部也有很多自動販賣機，但裡面的飲料只有一個系列產品，就是可口可樂相關的飲品！為什麼呢，因為可口可樂是奧運的最大飲料贊助商，因此奧運所有場館包括便利商店、小賣部的全部都是可口可樂品牌的水和飲料，在奧運場館買一瓶五百毫升的可口可樂，要價兩百八十日圓，大約七十元新台幣，主場館國立競技場更是要價三百日圓！

我在便利商店買一個燒肉飯也不過才七百日圓，可樂真的是天價！

吃飽喝足後，便利商店斜對面就是那個小小不到十坪的東奧官方紀念品商店，當時只有五個人在排隊，我趕快加入隊伍，先進去參觀一輪再說。

結果當我排進隊伍後，後面來了一個外國彪形大漢，我回頭一看，大驚失色，這不就是那位奧運廣播公司的總經理嗎！就是那位原本早上要受訪最後放我們鴿子的。

我笑笑地跟他點點頭，心中一萬個草泥馬奔騰，不是說很忙很多事情要處理，結果現在跑來逛紀念品商店。

不過轉念一想，或許總經理也是忙了一整天，現在好不容易有空了，來逛個紀念品店也是很合理的，沒有必要對他這麼嚴格啦。

東奧紀念品商店中，賣的東西其實真的不多，毛巾、文具、鑰匙圈都是基本款，最讓我眼睛為之一亮的就是東奧的紀念版劍玉，有原木色跟白色的兩款，最後我選擇買原木色的，這支劍玉也是我在東奧買的第一個紀念品，後來回到台灣，還在家庭聚會上舉辦「第一屆東奧劍玉大會」，結果有個幼稚園外甥把劍玉拖在崎嶇不平的水泥地上奔跑，我的心忍不住淌血哈哈哈！

TOKYO 2020
フォトポジション
Photo Position

距離東京奧運開幕日倒數

5 DAYS

2021
7.18

以禮待人行不通的時候，一次打十個

今天有個重大的任務，就是要首度前進奧運比賽場館開箱，我和雄哥選擇同樣位在江東區有明的「體操競技場」跟「排球館」。

但出發前早上日本電通的 Azusa 再次跟我說我的場館申請沒有過！可我都按照程序申請也都有符合申請時間呀！為什麼沒過呢？

但 Azusa 也只是說，她就是收到申請沒過的通知，我有點生氣，連續好幾天下來，申請未通過、臨時更動行程的狀況層出不窮，也沒有辦法知道到底是哪個申請環節有問題才會導致沒過。

這次我有些氣不過，於是直接傳訊息給 Azusa 說。

「你們不是應該要協助幫我們跟東奧官方，還有比賽場地協調的單位嗎？為什麼這幾天我們都按照規則走，都是被拒絕的呢？然後我要自行聯絡比賽場地經理，你也說不行，這樣我要怎麼工作採訪？問你們要怎麼解決也都得不到肯定的答案，這樣真的不行，我必須自行想辦法讓我的工作順利，如果你沒辦法扮演協助我們的角色，那就請你們長官或是可以協助的人來處理。我這邊也會直接寄信、禮貌的詢問場館公關經理，直接跟他們洽詢拍攝採訪許可。喔～對了，如果可以的話！請幫我跟東奧官方想出這套申請規則的人說，他應該得到今年的諾貝爾獎，沒有人比他更聰明了！」我氣憤地用英文回這一段訊息。

結果 Azusa 秒讀，但久久沒回應，我心中暗道不妙！擔心她也生氣了，但那時候我已經和雄哥在前往體操競技場的路上，也顧不了那麼多，我們想說先到了場館現場，走一步算一步了！

有明體操競技場，是東奧新建成的場館之一，其實就在排球館的旁邊，兩個場館走路大約十到十五分鐘就會到。

我們抵達體操競技場後，戰戰兢兢的前往門口的安檢處，結果發現根本暢行

有明體操競技場，屬東奧新建場館之一。

無阻！只要確認身分和證件上的可通行區域，門口人員就放行我們進入場館了。

在有明體操競技場左拐右轉，終於來到中央區域，平衡木、跳馬、地板還有各式競技體操的器材映入眼簾，雖然戴著口罩，但可以聞到一股典雅的木質味道，現場有許多轉播器材的工作人員，不斷地在測試攝影機。

我轉頭看到一位外國大媽，穿著東京奧運場館的正式制服，我向她詢問我能不能找體操館的場地經理，我們是來自台灣的媒體，想拍攝體操館的畫面和特色，做為新聞使用。

沒想到大媽說她就是體操館的公關經

體操競技場，大量使用日本各地木材作建材。

理，也很歡迎我們拍攝，甚至馬上安排一位工作人員，帶領我們進行場館導覽介紹，原來一直聞到的木質味道，是因為有明新建成的新場館，包括體操競技場、排球館都用了大量來自全日本境內不同區域的木頭，做為場館座椅和硬體設備的建材，因此才會飄散一股木質味，但很可惜沒辦法開放觀眾入場。

我後來試探性詢問體操競技場的經理，能否接受我們的訪問，她說可能不太方便，因為這幾天國際奧運因為疫情加劇還有部分場館進度落後，希望各場館經理到工作人員都能上緊發條，把專注力先放在工作上，趕上進度。

即使遭拒，但沒關係，至少拍攝場館是沒有問題的，我和雄哥找了一個位置，以體操館內部為背景，錄製的今天新聞的開場白：

「東京奧運，爭金奪銀，台灣英雄，世界有名。愛爾達特派小組首次前進到有明體操競技場⋯⋯」

結果開場白剛錄製完成，我遠遠的看到有三位中國籍工作人員一直瞄向我們這邊，還一直往我們方向靠近，他們衣服上有五星旗很好辨認。我心想完蛋了，是不是我戴了「台日友好」口罩，上面還有中華民國的國旗，勾起他們敏感的態度，但還是先按兵不動假裝沒事。

中國大哥越來越近，眼神還是一直盯著我們，最後開口說。

「兄弟，你們是不是綠媒呀？」中國大哥問。

「不不不，我們不藍不綠只做體育。」雄哥機智回答。

我在心中由衷佩服雄哥的臨場反應和睿智。

「那你們有沒有中華台北隊的小徽章呀？能不能給我們兩個。」中國大哥又問。

其實，在奧運會期間，各方人員交換各國紀念徽章是常有的事情，當時我背包也還留有七、八個徽章，但猶豫再三，還是由雄哥掏出兩枚徽章遞給對方，沒想到對方拿到後立即轉身離去，留下愕然的我們。不過以心胸寬大的台灣記者來說，這件事情也不過是採訪過程中一次意外的小插曲而已。

後來我們才知道，日本國內能負擔東奧現場轉播製作工作的電視團隊，尚不足以負荷所有比賽轉播項目，因此有部分比賽會委外，委託外國轉播製作團隊來東京製作，體操館的現場轉播製作單位，就是中國的央視，央視另外還負責羽球、桌球、運動攀登（攀岩）等賽事的現場轉播拍攝製作。

結束完體操館的拍攝，我們準備移動到旁邊的排球館，這時候我的電話響了，我一看居然是電通的 Azusa，原本我很糾結要不要接聽，因為心想她是不是打來興師問罪的，責問我沒有通過申請還自己跑去體操館，猶豫了三秒最後還是決定接起來。

「Hello Blue 桑～你們在體操館採訪都還順利嗎？我剛剛有跟場館經理聯繫了，請她協助你們的拍攝喔。」Azusa 用英文跟我說道。

「喔！很棒很順利喔，我們剛結束體操館的採訪拍攝，場館經理非常親切的招待，也幫我們介紹一些場館的特色，現在我們準備前往排球館了。」我也用英文回應 Azusa。

「對！你們還要去排球館對吧！我剛剛也順便聯繫排球館的場館經理，他們也很歡迎你們前往採訪，待會你可以直接跟他聯絡，他有説會帶領你們參觀排球館並且受訪。」Azusa 開心的跟我説。

「よかった（太好了）～那還真的是太好了！謝謝 Azusa 的幫忙喔，非常感謝你。」我回應完並結束電話。

在走路移動到排球館的路上，我其實一直在思考，我和 Azusa 見面的第一天，我就非常客氣也送出珍貴的茶葉當作見面禮，結果並沒有因此讓我們的工作聯繫事務變得順暢，當然也不是説一定要透過禮物來收買電通的工作人員，只是習慣性出差都會準備伴手禮給對方窗口，這是我一直以來的習慣，過去的經驗也的確會因此很快拉近彼此的距離，更不用説從中獲得許多採訪的「方便」。

結果前幾天整個聯繫溝通狀況都非常不理想，原本我都一直隱忍，想説就自己想辦法就好，但真的一直隱忍，反而造成我的工作不順利，許多情況都無法獲得改善解決，結果今天早上稍微情緒性的抱怨，居然讓對方重視我們的需求，也可以馬上幫我們想解決的辦法，這樣不是很好嗎？為什麼一定要我生氣抱怨，才要認真幫我們解決呢？

我能體諒日本電通和Azusa的壓力，他們肯定也承受國際奧會和東奧主辦方朝令夕改的壓力和無所適從，作為和台灣轉播方的溝通橋樑，確實也有難為之處，只是日本人有時候過度堅持和過度的制度僵化（不是以偏概全），真的會讓大家工作起來遇到許多困難，如何共同去找到解決辦法，我想才是最重要的，我在當天結束後，再傳了一封訊息給Azusa，為早上的態度不佳向她道歉，同時感謝她幫我們的聯繫等等。

來到排球館，整個安檢和進入場館都沒有遇到阻礙，順利抵達場館內部，馬上跟場館經理聯繫，結果受到此行到目前為止最高規格的招待，場館經理先派出兩位副手跟我們碰頭，簡單幫我們介紹排球館、有明體育館內部的特色和規格，有明體育館同樣是本屆東奧的新建場館之一，內部結構也大量採用日本全境的木材，並且以紅色系為主要塗裝，場館上空有大型投影設備，可以在比賽期間將燈光效果投射在地板上，打造成夢幻般的比賽場地，增加更震撼的聲光效果。

繞了一圈排球館，場地經理也出現了，是一位日本輕熟男，名字叫做稻村彰映，結果一見面就送我和雄哥一人一個東奧的紀念徽章！並且跟我們說，他一聽到是台灣來的媒體，就決定要抽空來接受訪問，是不是客套話我覺得不重要，因為至少對方相當有心，也是此行到目前為止，我們所訪問到最高級別的東奧官方代表。

我也趕快拿出送禮標配，愛爾達口罩跟中華隊紀念徽章給稻村先生，並且跟他說明我們想採訪的問題細節，基本上就是請他以官方的角度，來介紹有明體育館的特色。

有明排球館也是新建場館之一，距離體操館僅約一公里。

排球館內部以紅色為主視覺，並使用日本各地木材搭建。

整個採訪過程充滿輕鬆和歡樂的氛圍，稻村先生和他的團隊，也跟我們又分享許多東奧的小故事，並且相當關心中華隊的選手比賽項目，我另外也送了「台日友好」口罩給稻村先生，他看到口罩後超開心，跟我說他要把這個台日友好口罩珍藏起來，也很歡迎在奧運排球比賽正式開打後，我們再前往有明體育館採訪，還偷偷跟我說，如果我們申請被東奧官方拒絕也沒關係，直接跟他助理講，他會直接開綠燈讓我們進入場館採訪區。

所以我說，日本人不是完全都一板一眼，只要跟他們交心搏感情，還是都有很多彈性空間的呀！真的不是說一定要拿到特權，只是在雙方都可以接受的範圍內，大家都好做事工作，我想結果皆大歡喜，當然我們還是願意百分之百遵守東奧的遊戲規則就是了。

這天東京特別熱、特別曬，也忙得很累很辛苦，但心中充滿無限感謝和滿足。然後一整天下來，又是早餐吃完，一直到晚上七點才吃到第二餐了。

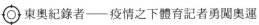

2021
7.19

距離東京奧運開幕日倒數

4 DAYS

台灣的驕傲，中華隊來了！

抵達日本也快一週了，基本上以國際轉播中心、媒體中心為大本營，再加上接駁車總站，已經把整個交通接駁的程序、步驟摸得差不多，隨著開幕只剩四天，越來越多國家選手陸續抵達日本，接駁車通往各場館的運作來到七到八成，只剩一些偏遠場館和非東京都比賽場地的交通接駁還沒開始上路。

今天最重要的任務，就是「接機」！中華隊第一批選手、教練和中華奧會團本部成員，將在日本時間傍晚五點左右抵達羽田機場。我和雄哥中午在媒體中心的餐廳簡單午餐後，下午搭乘接駁巴士前往羽田機場。

下午四點來到羽田機場，走到入境大廳後，有東奧官方工作人員以及機場工作人員，協助引導我們到媒體拍攝區。媒體拍攝區距離選手專用防疫入境通道，大概相隔了二十公尺遠，選手也不會從一般旅客走的入境通道進入入境大廳，而是從入境通道旁邊的一個小門出來，走一條用紅龍柵欄圍成的專屬通道，一路前往選手的專屬接駁巴士，載選手前往選手村。

乍看之下好像都很有規矩、井然有序！但我在現場觀察了十幾分鐘就發現，根本就是一片混亂，當天除了中華隊以外，還有很多其他國家隊也陸續抵達，一出來入境大廳，走專屬通道都沒有問題，但專屬通道有些地方是沒有完全圍住的，結果根本跟一般旅客、工作人員甚至隨處走動的媒體都混在一起，完全沒有保持安全距離，很多國外媒體看到自己國家的選手出現，根本也不用機場的規定位置、路線，直接就衝上前拍攝選手，有沒有人在管呢？有，但我目測只有三到五位機場安保人員，有比較認真在管制，但也只是口頭勸導，並沒有實質上的硬性驅離。

這也是這幾天觀察到日方的一個管制管理態度，就是規矩只給「守規矩」的人使用，不守規矩的人，日方其實並不太會有強制性的作為。

謝謝駐日台灣媒體互助合作。

我和雄哥抵達羽田機場的媒體拍攝區域，先用腳架佔一個拍攝位置，這時候有兩位台灣駐日本記者向我們走來，一位是年輕的哥哥，一位是和善的中年大姊，他們看到我戴著「台日友好」的口罩，加上我們的設備器材，跑來跟我們認識交流一下，也在這兩位駐日記者的介紹之下，我們才知道原來羽田機場樓上有一個陽台，那邊可以拍攝到飛機起降，如果需要拍攝特定飛機起降的畫面，都可以在那邊取景，雄哥於是和兩位駐日記者前往樓上拍攝區，我留在原本的入境大廳媒體區顧器材。

我坐在地上一邊打新聞稿，一邊觀察

入境大廳的管制狀況，結果一個西裝筆挺的台灣人也向我走來。

「請問你是台灣的記者嗎？」西裝男問我。

「對呀！我們今天來拍攝採訪中華隊抵達日本的新聞。」我回答。

「喔！我是駐日代表處的人啦，待會駐日代表也會來接機，他會贈送晚餐給選手教練們。」西裝男說。

原來駐日代表小夫……喔不是！是謝長廷待會也會來羽田機場迎接中華隊。

傍晚五點十分，華航飛機準時降落在羽田機場跑滑道，雄哥拍攝完飛機畫面也回到入境大廳這裡來，我跟他說待會我拿 GoPro 還有手機，等選手來到入境大廳，我一邊跟他們聊天一邊走，當作訪問這樣，因為機場不允許選手受訪，也不允許選手駐足停留太久。雄哥則在媒體拍攝區這邊拍攝其他畫面。

擬定好戰略，小夫……謝長廷駐日代表也來了，跟他熟識的駐日台灣記者，趕快上前跟代表打招呼，我也趕快上前遞名片跟代表問候一下，並且跟他介紹，愛爾達是這一次東奧的轉播商，他也很客氣的跟我說，這次要靠你們轉播中華隊的精彩實況了！

還記得我們聯合採訪團抵達日本後入境花了多久嗎？大約要兩到三小時，我也是抓兩小時的預估時間，中華隊才會出來入境大廳，在等待的時候，我跟幾位駐日台灣記者聊天，他們都已經超過兩年沒有回台灣了，基本上疫情之後就被困在日本，所以他們看到台灣媒體、台灣人都很開心。

由於駐日台灣記者並不是專業跑體育，他們只要是在日本跟台灣相關的新聞類別都要採訪，所以也跟我詢問一些中華隊的重點項目和選手，秉持著禮尚往來的互助精神，我大方跟他們分享選手資訊，還有今天會抵達的中華隊選手有哪些。結果聊著聊著，我剛好手機滑到一則新聞，「戴資穎上機才知搭經濟艙PO文想念長榮」。

就是這起事件，一個下午就在台灣炸開了鍋，民眾紛紛開始咎責，要體育署負責的官員出來面對，也是在「小戴經濟艙」事件後，突然之間愛爾達跟東奧相關的所有新聞、專題，收視率、點閱率全部呈現火箭飛天般的成長！再再證明，台灣人不見得真的喜歡看體育運動，但絕對喜歡看網內互打，血流成河。

晚間七點左右，在入境大廳等候中華隊的媒體，得知教練選手已經在領行李，準備要來入境大廳了，我趕快一手拿 GoPro 一手拿手機，跑到選手教練專屬的通道門口旁等候。

那道小門終於打開，中華隊選手從頭到腳防護裝備包得嚴嚴實實，還好我還是認得出來選手。我一看到熟悉的拳擊隊四大金釵：林郁婷、陳念琴、黃筱雯和吳詩儀，趕快上前跟他們揮手，他們也開心地大喊：「楚育哥！」

拳擊隊總教練柯文明看到我還說：「楚育你變成僑胞了喔！」

我拿著「雙機」一邊拍攝選手，一邊跟他們「採訪」，一邊移動往後退，選手們都很配合地放慢腳步，配合我的速度，讓我能邊退邊順利完成訪問，他們也能在沒有停留的情況下，進入入境大廳再前往接駁車搭乘處。

每一個走出小門的選手、團隊，我都用這樣的方式，先跟選手揮手，然後等選手們認出我來，向我靠近時，我趕快跟他們說，「慢慢走不要停下來，但是要回答我的問題！」

拳擊隊、跆拳道隊、桌球隊、游泳隊、羽球隊、舉重隊、體操隊……郭婞淳、麟洋配、周天成、李智凱⋯⋯基本上每位選手都很願意配合演出，都陪我不斷在羽田機場紅龍走道跳恰恰，前進三步後退三步，轉個圈再來一次。

我本來以為，我會被機場安保人員抓走或是勸離，結果他看到我也沒有讓選手停頓，也有跟選手隔著紅龍保持安全距離，他想跟我說些什麼，但也說不出來，只好用一種哀怨的眼神看著我，默默的接受這樣的灰色地帶。

我只能說，遊走這種灰色地帶的感覺，還真的是滿爽的！後來大略算了一下，那天接機，我到底在紅龍旁這樣前進後退移動幾次，結果應該有超過十次。

每次選手往前走，我往後退的時候，在我後方的東奧志工，都很識相的會閃開一條路，讓我可以順利的往後退，我每退後一趟，再衝到最前方的時候，就會一直跟那群志工說：「本当にありがとう！」（真的非常感謝你們。）他們都會笑得很開心，然後看看我「台日友好」的口罩，就笑得更開心了。

選手教練大致上都通過入境大廳，壓軸走出來的就是中華奧會的主席林鴻道，他一出來就和駐日代表謝長廷互相擊肘加油，也代表接受駐日代表送上的美味餐點，林鴻道主席一看到是愛爾達的媒體，也特別放慢腳步，聊一下中華隊的團隊士氣和接下來的備戰訓練等等，讓我的新聞能有更多訪問和豐富度。

原本有選手、教練和林鴻道主席的訪問，新聞已經夠充足了，結果駐日代表謝長廷最後也跑來媒體拍攝區，接受台灣媒體的訪問，除了幫中華隊打氣加油外，也希望選手都能保持健康，並且宣布駐日代表也會在奧運期間，給予選手一切的後勤支援。

混亂的接機終於告一個段落，中華隊準備前往進駐選手村，但這時候才是我和雄哥真正考驗的開始。

由於下午爆發「小戴經濟艙」事件，聯訪團其他兩家電視新聞台，都在催促我們要趕快發接機的新聞，最好要有小戴的畫面，讓台灣端新聞台可以趕快強力播送。我趕快把剛剛手機拍到的一些接機和選手訪問片段，先用手機傳回台灣，讓聯訪團都能在晚上的黃金新聞時段播出。

我和雄哥趕快前往羽田機場的東奧接駁車處，希望以最快的時間回到主媒體中心，把接機的新聞製作完畢傳回台灣。

到了接駁車處詢問志工發車時間，不問不知道，一問快昏倒，接駁車還要等一個小時才能發車！

分秒必爭的時刻，我和雄哥只能趕快在羽田機場某一個出口旁邊的公用電腦處，把我們的工作用筆電拿出來，趕快寫稿和把剛剛拍攝的畫面灌入剪輯電腦中，就這樣羽田機場的角落，變成我們的臨時辦公室，為的就是要搶時間產出新聞。

我印象很深，那個公用電腦區域，只有一張椅子，我讓給雄哥坐，自己用半蹲馬步的方式，就打起新聞稿來，也趕快完成配音讓雄哥可以爭分奪秒開始進行新聞後製剪輯。

製作到一半，接駁車處的志工突然跑進來跟我們說，有一班接駁車可以上車了。我們匆匆忙忙收拾器材上車，一上車就看到兩位熟悉的台灣媒體同業，TSNA的小白（陳容琛）和侯子哥（侯褘縉），他們看到我們也很開心，因為在出發前我們彼此都有互相分享很多在東奧的資訊，加上我們已經抵達幾天了，也不斷跟後來出發的台灣媒體更新最新消息。

我拿了十張東奧計程車券給他們，也偷偷跟他們說，不夠的話再跟我拿，別客氣。

簡單介紹一下東奧計程車券是什麼東西，基本上就是東奧官方提供的等價等值搭車券，每張面額是一萬日圓，搭乘金額多少就填寫多少，超過一萬就用兩張或三張。

東奧官方給予各國一般的媒體記者都是十六張！愛爾達和聯合採訪團因為是持權轉播商，所以我們一共拿到兩百張計程車券，當時我每天都在想，如果能換成現金該有多好。

我拿計程車券給侯子和小白，他們眼眶泛紅感動的看著我，我猜應該是前一天也沒有睡飽。

搭乘接駁車要回媒體中心的路上，短暫休息變成是那一整天中，最為放鬆的時刻，但馬上狀況又發生了。

接駁車並沒有如預期開到媒體中心，而是在一個像是停車場的空地中停下，接著東奧工作人員上車，跟全車媒體宣布，請大家搭乘東奧專屬計程車，前往大家的防疫旅館入住。

東奧官方計程車，外觀相當復古可愛。

咦!?這什麼情況，難不成東奧工作人員把全車都當成是第一天抵達日本的媒體嗎?我和雄哥只是去機場接機的呀！我趕快用英文跟工作人員解釋説明，但他説他聽不懂，要我下車去跟其他工作人員説明，開玩笑！你剛剛在車上跟大家説明規則，就是用英文説的呀！難不成在背稿喔，我説的也是簡單的英文呀！

不管！我下車跟其他工作人員説明我和雄哥的情況，他們也是一臉問號，但用無線電跟長官説明情況後，就指向出口的方向説，我們可以走了。

換我一臉問號，那我是要怎樣去媒體中心呀?我又問工作人員，我們可以搭乘東奧計程車嗎？這邊有這麼多台正在排班。

結果工作人員說「駄目～」不行，這是要留給從機場來的人搭乘的。

喂！不是呀，我們也是從機場來的人呀！現在直接叫我們自己想辦法喔！總之對方很堅持就是不給我們現場搭計程車，我和雄哥只好拖著沉重的裝備，往出口方向前進，拿出手機打開地圖一查，還好那個停車場距離媒體中心（MPC），走路只要五分鐘，但這不就是一個防疫漏洞嗎？

我們走出停車場，就是完全走在日本街道上了耶！沒有人管我們，我們如果不是趕時間，想去哪裡就可以去哪裡耶！感覺很像突然之間被日本人強迫「自由」。

帶著滿頭的疑問，拖著沉重的器材直接「走進」媒體中心，居然也沒有受到任何的盤查，只有在門口按照規定通過例行安檢和防疫消毒，就這樣從停車場走回媒體中心了。

回到媒體中心時間接近日本晚上的九點，我和雄哥用最快速的效率趕快把接機新聞傳回國內，讓聯訪團所有成員，都能在夜間新聞時段播出中華隊抵達日本的新聞。

當台灣端確認我們的新聞已經順利傳回接收，驗帶後也沒有問題，收拾好器材發現，已經是日本時間過晚上十一點了，看了一下接駁車班次時間表，下一班可以回我們飯店的接駁車要等到十二點三十分。

一整天下來心真的太累了，最後我和雄哥決定，直接到媒體中心大門口的計程車排班處，攔一輛東奧計程車，直接回飯店。沒想到在計程車排班處，工作人員又一直問我們是第幾天抵達日本，要滿十四天才能在這裡搭，不然只能打電話叫計程車來載。

不是啊，東奧都開放讓所有人搭計程車了，有滿十四天才能現場搭，沒有滿十四天只能打電話叫車，這道理和意義何在呀？完全不懂耶！我最後跟排班處工作人員盧半天，他才勉為其難地讓我們上車。

真心累呀！我在計程車上不禁歎氣，怎麼還沒開始就這麼累。雄哥一副看淡世俗的口吻跟我說：「這就是奧運。」

後來隔天早上吃早餐遇到香港媒體朋友，他們跟我說其實東奧計程車在路上跑的，如果招手司機願意停下來，都可以直接搭乘並且使用計程車券，根本不用這麼麻煩要電話預約或是滿十四天才能搭這種規則。

那天回到飯店，吃著便利商店買的微波便當，大概是到目前為止最累的一天了！但朋友馬上傳訊息跟我說，永遠不要說最累，因為明天可能會更累。

TOKYO 2020

距離東京奧運開幕日倒數

3 DAYS

2021
7.20

2021.7.20

重義氣的香港朋友，夾縫中求生存專家

從抵達日本後，每天除了飯店早餐能放鬆的好好享用之外，真的就像前輩說的，不知道下一餐在哪裡，前幾天幾乎都是跳過午餐、晚餐直接吃消夜。

今天是我和雄哥的表定休假日，不過我們還是前往媒體中心，把前幾天採訪的，比較沒有時效性的留稿新聞，製作完畢回傳台灣。下午三、四點就沒事了，雄哥跑去媒體中心的紀念品商店逛街，我跑去媒體中心唯一的美式餐廳探探店，美式餐廳主力商品為漢堡跟披薩，我點了一份金牌漢堡套餐「Gold Medal Burger」，其實就是牛肉漢堡，一份要一千六百日圓，大約四百新台幣左右。

點餐的時候，點餐的服務生看到我的中華隊徽章，一直說很漂亮，也很直接問我可不可以送她一個，我說當然沒問題呀，我還多送她愛爾達紀念口罩，但她口罩轉頭就送給同事了。

沒想到只是這樣的一個舉動，居然讓我那餐飽到快吐出來。我送徽章給店員後，店員在點餐單上註記兩個英文字，「more fries」（薯條多）旁邊還畫一個笑臉，我拿著點餐單要去後方取餐時，打菜的廚師一看到點餐單眼睛一亮，製作完漢堡後，開始夾薯條，結果他一直夾一直夾好像沒有要停下來的意思，還是我跟他說太多了！他才停下來，我問廚師你們是不是有暗語，會給客人一些福利。

他也很直接說對，反正大家都是來打工的，才不管店裡會虧本什麼的，如果服務生或廚師喜歡這個客人，就會給客人吃爆！比如說：more fries，廚師看到就會多給客人三分之一分到二分之一的薯條量。win wings，就會多夾一個雞翅給客人。mc lc，就是幫客人中可免費升級成大可。

我聽完廚師仔細跟我分享他們的內部暗語，一直很想笑，一個奧運餐廳，搞得好像幫派一樣，要用暗語來溝通，也滿有趣的。

我又好奇的問，那如果遇到不喜歡的「奧客」，也會有暗語嗎？廚師愣了一下，然後壓低聲量跟我說：「of course！（當然）」

他說遇到不喜歡的客人，店員也會在點餐單上註記暗語，廚師看到，就會薯條減量，或是把快冷掉的即期食材給客人，最狠的一招我覺得台灣速食店也會，就是飲料杯裡面，八成都是冰塊，可樂不到兩成，因為還有一成是空氣！

我再問廚師，這樣不會被客訴或留差評嗎！

廚師說，大家都是奧運期間短期工作，誰還管這些，有領到薪水就好。

我很慶幸我是被「加料」而不是他們註記的奧客，不過心中不免想到餐飲界流傳的經典金句「千萬不要惹服務生生氣！」原來這句是世界通用呀。

一邊吃著金牌漢堡，一邊滑手機，看到香港媒體又亂跑了！他們在一個奧運紀念品商店，穿著東奧的和服拍照。

我傻眼，我以為只有媒體中心的官方紀念品店才有開，怎麼香港媒體有辦法買到這些特殊商品呢？

我趕快詢問香港朋友，他也很夠義氣，跟我說他們去御台場某個購物中心裡面的東奧官方紀念品商店買的，還馬上教我怎麼坐接駁車，要坐到哪一站然後走到對面就是購物中心了。

這幾天下來，我看香港媒體幾乎都遊走在東奧防疫規定的邊緣，想去哪就去哪，也不斷開發讓自己工作能更順利的方式，當然也沒忘記要苦中作樂。我由衷佩服他們的勇氣，也佩服他們隨機應變的能力，或許這跟他們這幾年的生存生活環境有關，努力在夾縫中求生存，自然而然就會找到很多方式方法，讓生活過下去。

香港朋友還跟我說，那個購物中心裡面還有什麼好吃好喝好玩的，還有台灣的飲料店「貢茶」喔！我對於東奧紀念品店是真的很有興趣啦，但要我一直待在購物中心吃喝玩樂，心裡多少還是會不踏實，等之後真的有空，再去解鎖一下御台場購物中心的東奧紀念品店吧。

2021
7.21

距離東京奧運開幕日倒數

2 DAYS

2021.7.21

只要你夠努力，全世界都會來幫你

一早七點三十分就收到電通 Azusa 的信件，通知我今天申請要去網球場採訪的申請許可又被拒絕……

有點意外也有點不意外，但 Azusa 又特別傳訊息跟我說，希望我不要再自行連絡場館經理協調採訪的事情。

咦!?怎麼今天又不行了，前幾天去體操館跟排球場，不就是我們自行聯繫，對方也沒說不行呀！而且當時 Azusa 也幫我聯繫排球場館經理，所以對方才出面受訪。

但 Azusa 今天很堅持，說不行就是不行，問她原因她也沒有正面回應。

這下子讓我很掙扎，不曉得 Azusa 是不是有受到她的長官壓力或是怎樣，但我也有來自台灣公司的壓力呀！和雄哥討論之後，我們決定還是直接前往網球場再說。

東奧網球場就在「有明網球森林公園」，距離媒體中心搭乘接駁巴士只要五分鐘即可抵達，我和雄哥準備去採訪五屆奧運中華隊選手盧彥勳！

這一屆奧運也是他選手生涯最後一戰，儘管要複製二〇〇八年北京奧運闖進十六強的成績有點難度，但能夠再來到奧運舞台，對於盧彥勳來說，也算是選手生涯最美好的安排。

我們抵達有明網球森林公園後，順利進入場館內，先去中央球場簡單拍攝一些畫面，我也透過以前公司的長官戚海倫幫忙，協助我們跟盧彥勳的哥哥盧威儒取得聯繫，盧哥哥說很歡迎我們去拍攝採訪盧彥勳的訓練，他們會在下午兩點左右在主球場後面的訓練場地練習。

到這個階段看起來都沒有太大的問題，結果Azusa訊息又來了，他詢問我有沒有去網球場，並且跟我再次叮嚀一定要透過日本電通來申請拍攝採訪許可等等。我聽到真的很煩，你一直說要透過你們申請，但透過你們申請都一直沒有通過呀！我自己跟場館經理溝通，對方也都很客氣沒有拒絕呀！這要我怎麼信任你的作業流程。

前一天跟香港媒體朋友聊天的時候也有聊到這個問題，因為香港媒體手中的轉播權，也是跟日本電通購買的，就我看到的國家和地區，包括台灣、香港、泰國、伊朗、汶萊等亞洲國家，轉播權都是跟日本電通購買的，他們的採訪申請也都是跟我們一樣的程序，透過各自的日本電通窗口，再向國際奧會提出申請。

我也有問香港媒體是不是有遇到類似的申請拒絕情況，他們說：「當然有呀！前兩天我們也是都按照規矩申請，都被拒絕後，我們就不理日本電通了呀！拿人錢財沒辦好事，我們只好自己來囉。」香港媒體氣噗噗地跟我說。

香港媒體也分享，基本上在開幕之前，確實都可以直接跟場館經理聯繫，他們就是這樣，所以表面上還是會向日本電通提出場館申請，但不論有沒有被核可，他們都會走既定的採訪行程，如果被拒絕也會直接去場館跟經理協調。

台灣人、或者說我自己有時候確實太「古意」（老實），總覺得聽到日本電通跟我說不行，我就乖乖遵守，但當對方都沒有要想辦法幫我解決問題的時候，為什麼我還要傻傻遵守，影響自己的工作呢？台灣公司長官、觀眾，只會在乎最後的新聞結果，過程中發生哪些狀況和挑戰，確實是我身為新聞工作者，自己要去解決的問題。

所以在網球場看到 Azusa 的訊息後，我選擇了說謊！我跟 Azusa 說，我們沒有去網球場請她放心，我們都會遵守日本電通國際奧會的規定的！

其實前幾天在羽田機場接機的時候，駐日本的台灣媒體哥哥姊姊就有跟我分享一個在日本採訪的絕招，就是「厚臉皮」！

他們說日本人每次都會訂出一堆的規矩，然後跟你說要遵守，但如果你真的不遵守，他們也只會一直「口頭」告誡，並不會有動手動腳的情況，對日本人來說，這個叫做「已善盡自己的職責」，如果對方堅持不遵守，我也不要去惹事。

所以我想 Azusa 也只是盡到「告知」的職責，我就不信她會真的無聊去查我們的出入場館紀錄，雖然要認真查還是查得到，但我們也沒有惹事。

開個玩笑，人家香港人天天在外面跑跳不甩規定，到目前不也安好？

於是我決定今天就是要任性一回，也來測試一下日本電通和國際奧會的底線。跟 Azusa 回完訊息後，我翻開奧運場館經理的通訊錄，找到網球場的經理電話打過去，跟她表明來意，表示我們只想去練習場地拍攝採訪台灣的選手。

結果場館一聽台灣選手，她就說是不是「Rendy」，Rendy 是盧彥勳的英文名字，我說對對對，就是 Rendy！網球場經理問我現在人在哪裡，她過來跟我們會合，並且安排人員協助我們。

我講完電話，心中真的很想跟日本電通罵聲 X！這麼簡單的溝通情況，為什麼要搞這麼複雜，又要在那邊迂迴半天最後無法解決呢？我自己打電話給經理，講不到三分鐘，對方都安排好一切也很友善。

前幾天體操館、排球館，再到今天的網球場，都是我自己去主動聯繫場館經理，日本電通到底在幹嘛呀？

把對日本電通的情緒先放一邊，至少網球場經理非常友善，也很快和她的副手在場館內找到我和雄哥。經理一見面就跟我們說，Rendy（盧彥勳）是他們的好朋友，生日還跟經理副手是同一天，過去也曾經在ATP賽事（世界男子職業網球巡迴賽）有很多一起跟盧彥勳共事的經驗，所以他們跟盧彥勳還算熟，也很喜歡這位來自台灣的選手。

那天的東京艷陽高照，氣溫超過三十四度，網球場經理的熱情超過一〇五度！時間剛好來到正中午，經理跟我們講解盧彥勳會在哪個訓練場地，也教我如何用東奧媒體查詢系統，去查選手的訓練時程表和場地，這樣接下來就可以查到選手是否已經抵達訓練場地，以及最新的訓練比賽資訊。

甚至經理還說要不要安排一輛高爾夫球車，載我和雄哥去盧彥勳的訓練場地等他，因為有明網球森林公園，還真的滿大的，從中央球場走到最偏遠的訓練場地大概要走十分鐘！

我看看時間距離盧彥勳表定的訓練還有一小時，所以就婉拒場館經理的好意，跟他說我們想逛一下整個有明網球森林公園，瞭解熟悉一下網球比賽場地。

場館經理說完全沒問題，但要注意「Stay hydrated！」（保持水分補充），然後跟我們指向網球場內部的媒體中心，說裡面有水跟運動飲料，進去拿兩瓶再走。

天使！真的是天使，雖然在東奧前期每天都諸事不順，不過都會有天使出現幫忙，真的只要夠努力，全世界都會來幫你。

跟場館經理結束愉快溝通後，我和雄哥慢慢走向盧彥勳的訓練場地，今天真的是來到日本後最熱的一天，太陽曬得手臂發燙，還要徒步背著沉重的器材在有明網球公園中尋找盧彥勳的身影，突然有點後悔剛剛拒絕經理提供的高球車代步。

終於在訓練場地最尾端，看到熟悉的身影，盧彥勳在大太陽底下，揮汗如雨的跟外國選手進行訓練！場邊也看到三位台灣網路記者同業也在等待採訪盧彥勳。

盧彥勳已經三十八歲，從二〇〇四雅典奧運打到東京奧運，連續五屆不缺席，真的是網壇活傳奇。他在訓練中對於自我的要求依舊嚴格自律，過程中不斷調整自己的身體和技術狀態，把握短暫珍貴的官方訓練時段，展現出職業選手的精神，也是他對於二十年生涯最終章的尊重。

練了大約一個半小時，盧彥勳結束整個訓練，盧威儒哥哥馬上跟我們招手，示意可以來採訪了。

盧彥勳是我在東奧期間「正式」採訪到的第一位中華隊選手，我想也是對於這位國寶的尊重，最大的先來！

盧彥勳分享了生涯最後戰役的想法，坦言心情來到前所未有的放鬆，因為對他來說不論比賽勝負都是「雙贏」局面，贏了比賽就可以再多為國家打一場，輸了也是選手生涯最美好的句點。

他來到東奧的這幾天，每天到網球場遇到的球員、工作人員都紛紛送上祝福，有些比較熟的對手，還會開玩笑說：「Rendy加油，你快要不用天天訓練囉！」，甚至還會幫Rendy倒數登出職業選手的時間，對盧彥勳來說完全可以接受，因為提前有心理準備，所以在生涯最後一戰到來的這天，反而比自己想的更加豁達。

中華隊也給足這位五屆奧運選手尊重，讓他和郭婞淳共同擔任東奧開幕典

五屆奧運國手盧彥勳，東奧後即將引退。

禮中華隊的掌旗官。盧彥勳說這是很難得的機會，也祝福台灣選手都能在東奧比出好成績，甚至拿下金牌。

採訪結束後，盧彥勳還是侃侃而談，從他的話語中，我知道他還有很多想說的沒有說，因為二十年來的網球大小回憶，真的很難用短短幾分鐘就分享完畢，或許很快盧彥勳也會出一本他自己的網壇回憶錄，詳細記錄他征戰國際網壇二十年的故事吧。

也是在這天晚上東奧網球抽籤，盧彥勳第一輪對手，是當時世界排名第五的德國好手茲維列夫（Alexander Zverev）。

傍晚製作完盧彥勳的新聞，七月

外訪當天艷陽高照，盧彥勳一練將近兩小時。

二十一日從台灣出發，第二批聯合採訪團的團員，也在今天抵達東京。

李長勳和另外一位愛爾達攝影謝忻志，以及聯訪團另外兩家電視台的兩組新聞記者，都在今晚順利入境日本。

東京奧運聯合採訪團，全部六組人馬正式集結，東奧開幕倒數也進入最後四十八小時。

TOKYO 2020

距離東京奧運開幕日倒數

1 DAYS

2021
7.22

2021.7.22

限量是殘酷的，要搶手速要快！

一早起床又是被電通Azusa的訊息給驚嚇了！並不是因為場館申請沒過，而是申請的場館全部都通過!?

而且申請的都還是練習場館，跟正式比賽場館是不一樣的，訓練場館基本上沒有接駁車，也沒有方便的交通移動，加上東奧官方防疫規定，每位抵達日本的媒體，前十四天不允許搭乘大眾運輸，只能搭乘東奧官方計程車，因此想要去訓練場館拍攝採訪，比去正式比賽場館還要困難。

我和雄哥預計下午要前往中華拳擊代表隊，在訓練場館的拍攝採訪，前一天晚上也和拳擊隊總教練柯文明以及其

三對三籃球為半露天場館。

他教練選手打過招呼，他們都很歡迎我們前往採訪。

雖然說是下午的採訪，但我和雄哥一早又跑到媒體中心，然後在媒體中心門口的接駁車總站發現，所有比賽場館接駁車、路線都已經開始正式投入運作，我看了一下時間，距離下午中華拳擊隊要訓練的表定時間還有五個多小時，於是和雄哥搭上「有明海濱區域」的循環接駁巴士，打算來一趟海濱奧運場館半日遊，也順便拍攝一些可以做為專題留稿的新聞題材。

有明海濱區域循環巴士，沿途會經過三對三籃球場、BMC 場地單車場（滑板場）、沙灘排球、鐵人三項比賽場。

我們在三對三籃球場這站就下車，雖然沒有申請採訪許可，但要進入場館內部還是沒有問題的，只是無法前往專屬的採訪區採訪選手。不過這個問題不大，今天主要就是要抱著來探路的心情。

三對三籃球是東奧新的正式比賽項目之一，籃球場在一個空地打造出半露天的場地，正確地名叫「有明城市運動公園」，但在東奧後再去查詢該地址，顯示狀態變成暫停營業。

籃球場旁邊緊鄰運動攀登（攀岩）比賽場地，而且從籃球場往外看出去，可以看到一尊一比一等比例大小的獨角獸鋼彈，聳立在一個購物中心的門口，相當吸睛。

運動攀登是奧運新增正式項目。

日本女籃國家隊官方訓練時段。

在有明城市運動公園附近，有五、六間大型購物中心，其中一間就是上次香港朋友推薦去買的東奧官方紀念品店，在鐵人三項比賽場地接駁車站牌的對面。

雖然我這幾年已經很少看籃球，但進到東奧的三對三籃球場，還是感受到大型國際賽事的規格的熱血感，場地以紫色系為主，球場為灰色，整個比賽場地從球場到周邊，都充滿年輕的街頭風格，現場也不斷播放夜店舞曲和嘻哈饒舌音樂，而且官方練習女子剛好就是日本女子三對三國家隊。

日本女子三對三代表隊陣中，最特別的是迦納裔日籍球員史蒂芬妮·馬瓜

（Stephanie Mawuli），她的雙親在二十多年前從迦納移民到日本，史蒂芬妮和姐姐（Evelyn）都是在日本出生，姐姐也是東奧日本五對五籃球隊的成員，最後還拿到銀牌！

妹妹史蒂芬妮和隊友在三對三籃球賽，打到八強才以兩分差不敵法國，最後排在第五名，也是很棒的成績。

這幾天日本白天天氣都超過三十五度，在半露天的籃球場坐在觀眾席上，相當的悶熱，對於選手來說也是一大考驗，還好三對三籃球賽程，都集中在傍晚和晚上，入夜後的東京海灣吹著海風打籃球，倒也是很棒的感覺。

近距離觀察日本三對三女子籃球隊，外線真的超準，戰術配合也是行雲流水，球員和教練團都把握不多的官方練習時間，趕快適應比賽場地和籃框，安排許多高效率的訓練菜單，練習完畢後，全隊馬上到官方採訪區，接受日本媒體的採訪。

迦納裔日籍球員史蒂芬妮．馬瓜用日文受訪。

雖然三對三籃球，日本要奪牌難度很高！但還是吸引大批日本媒體爭相訪問，而且是四位球員，三位先發一位替補，全部都在受訪，足見日本媒體對於所有奧運選手的高度重視。

史蒂芬妮．馬瓜受訪時用流利的日文，回應日本媒體的訪問，過程中也都保持笑容，侃侃而談對於東京奧運的期待。我想到過去採訪日本選手時，基本上日本運動員的口條都滿不錯的，對於訪問內容也都盡量回答清楚完整，以記者媒體的角度來說，是非常有利於後製剪輯工作的。

歐美選手普遍會聊個沒完沒了，一直

無限延伸，這也是好的，至少可以挑選好用有趣的採訪內容放在新聞中。

台灣選手或是華人運動員，都相對害羞，有時候比較難以表達出心中真正的想法，不過這幾年台灣運動員普遍對於受訪的技巧，和回答的內容都進步很快，也期待台灣運動員在接受國外媒體採訪時，能更加從容有自信的回答。

離開三對三籃球場，我們搭上接駁車往下一個比賽場館移動，最後決定就在鐵人三項場地下車。

在抵達日本東京後，每天都會在媒體中心瀏覽一下各國媒體同業，參考日本東奧的報導還有新聞點，作為自己新聞發想靈感的參考，這幾天討論熱烈的話題，就是「東京灣水質不佳、異味重！」的報導，讓鐵人三項選手感到不舒服。

當我在鐵人三項比賽場地那站下車後，其實距離比賽場地只有一個鐵柵欄，肉眼就可以看到海邊還有比賽場地。我確認周圍都沒有人後，不要命的把口罩拉下來，用力地吸了幾口東京灣的空氣……

嗯，完全沒有味道！海水顏色看起來也算清澈，說實話我覺得比淡水河還沒味道。

咦，等等，Covid-19 其中一個症狀是不是就是聞不到味道！我趕快喝一口背包裡面的可樂，還好可樂還是很好喝、氣泡十足。

總之簡單目測、鼻測和實際觀察後，看到的鐵人三項比賽場地並沒有媒體寫的那麼誇張，當然我不是比賽選手和教練，可能無法真的體會東京灣的游泳場地到底好不好，至少就我自己的觀察，東京灣很臭很髒這個報導有點誇大了，後來我又查了一下，最一開始寫東京灣海水髒臭的是哪國的媒體，是韓國媒體寫的，我好像瞬間又明白了一些事情。

在東京灣海水髒臭的報導出來後，東奧籌委會也馬上公布東京灣每天的水質測量在媒體中心的布告欄上，數據顯示出來也都一切正常，符合國際賽的水況。

離開鐵人三項比賽場地，由於真的太熱，我跟雄哥說我想到對面的便利商店買瓶飲料喝，結果一抬頭發現，這不就是香港朋友推薦的東奧紀念品店所在的購物中心嗎！

我馬上跟雄哥說，既然還有時間，不如我們就去那間紀念品店逛逛吧！我內心的購物慾望支配著我的理智，雄哥想了想說，那要低調喔，我們先把東奧的證件收起來吧。雄哥果然是跑三屆的奧運攝影記者，看來也都知道要怎麼做壞事……

在購物中心裡面很快找到二樓的東奧官方紀念品店，我遠遠的看到那間店，它、它在發光啊！

根本是天堂！琳瑯滿目的東奧紀念品，排滿貨架，門口還有一隻大型的吉祥物娃娃（Miraitowa）未來永遠郎在跟我招手，我趕快看了一下我的錢包，嗯，有帶卡，放心刷起來。

其實這間東奧紀念品商店，大概也就十五到二十坪左右，但商品種類和數量是媒體中心紀念品店的十倍有餘，五花八門的商品都等待著有緣人把它們帶回家，門口還有扭蛋機可以玩。

我走進店裡慢慢掃視，結果發現一位穿著東奧官方工作制服的大媽也在買東西……人家都沒在低調，我們要低調什麼啦！不過還有一個可能，就是大媽已經在日本待滿十四天，所以可以自由移動也不受區域和時間的限制。

我逛了一圈，想拿的商品都不猶豫先拿再說，最後眼神停留在一個我此行看到最喜歡的紀念品，東奧的晴天娃娃！晴天娃娃真的太可愛，還有分為東京奧運的彩色版本以及東京帕運的紅色版本，價格都是一千日圓，我覺得很便宜啦！當我正在考慮要買幾個的時候，我看到旁邊的一個日本小弟弟，眼睛也停留在晴天娃娃上面，我跟他四眼對到，雖然我們彼此沒有語言交流，但確認過眼神，我知道他也很想要那個晴天娃娃。

「台日友好並不存在買紀念品這件事上！」我的腦中快速閃過這樣的想法。

下一秒，我把架上所有五個晴天娃娃全部拿走，放到我的購物籃中，然後頭也不回快速離開現場。我不忍回頭，也不去想那個弟弟的心情，因為叔叔我……真的需要晴天娃娃呀！我錯過了這次，不知道還買不買得到呀！莫怪叔叔我太無情，只怪晴天娃娃太可愛，對不起了日本弟弟。

最後結帳時，我買了快三萬日圓的東奧紀念品，刷卡下去的時候，卻感覺到一種莫名的快感，原來在壓力大的時候，購物真的很舒壓，而且還是買自己喜歡的東西，太爽了，即使最後那些紀念品，大部分都是送給親朋好友，對我來說，就是喜歡送禮物給別人，看到親朋好友滿足開心的臉，我比他們更開心。

三萬日圓呀！沒問題的，再努力賺錢就有了。其實到東奧接近尾聲的時候，我又來到這間紀念品店一次，又買了快一萬日圓的紀念品，而且這只是東奧期間，我和雄哥偷偷去的東奧官方紀念品店的其中一間呢。

從東奧紀念品店滿載而歸，差點就忘記下午還有更重要的事情，要去拍攝中華拳擊隊的官方訓練。

下午和雄哥搭乘東奧計程車，抵達拳擊練習場館，位在東京墨田區的一個綜合體育館中，由於不是正式比賽場館，門口並沒有明顯的東奧標示，不過一樓門口有許多東奧工作人員在顧門。

門口的工作人員確認我們的證件還有申請許可後，通報高層，獲得放行的通知，帶領我們乘坐貨梯抵達樓上，再引導我們來到中華拳擊隊的訓練場地。

一進到訓練場地，看到熟悉的柯文明、賴明輝、曾自強還有劉宗泰教練，以及陳念琴、吳詩儀、林郁婷和黃筱雯拳擊四大金釵，頓時心中感受到前所未有的感動與溫暖。終於看到熟悉的人了，他們也很熱情的跟我和雄哥聊天，這就是他鄉遇故知的感覺。

十年前我大學四年級畢業製作了一部紀錄片，曾經拍攝台灣拳擊手的故事，當時片名取名「K.O.」。

十年過去，我能以更專業的技術和角度，來到運動員最高殿堂，紀錄台灣拳擊手的夢想故事，我命名為「K.O. 2.0」。

出發來東奧前，在在台灣製作奧運特別節目「東奧點將錄」的時候，就和拳擊隊的教練選手培養出很好的友情和默契，加上我自己也看好拳擊四大金釵，有機會幫中華隊，拿下在奧運史的第一面拳擊獎牌。

拳擊隊教練和選手看到「楚育哥」到來，親切的和我分享這幾天在奧運的點點滴滴還有心情，看著她們緊張興奮的表情，好像看到自己的妹妹準備出賽一樣，連我都緊張起來，只能不斷跟她們說：「加油，好好享受比賽，楚育哥會在場邊幫你們拍手吶喊的。」

官方安排的正式訓練時間只有兩小時，選手們暖身完畢後，馬上進入狀況，剛好兩兩一組，進行模擬對打，主要讓身體和專注力都找到比賽的節奏，最後每位教練也各自帶開，針對選手開出個人化強化菜單。

現場看到拳擊隊女將充滿鬥志，眼神中滿是期待與熱血，讓我一邊紀錄差點眼淚都要流下來。

中間空檔休息，發生一段小插曲。

劉宗泰教練跟我說：「楚育，來，我教你打速度靶！」

「我、我可以嗎!?」我疑惑。

「可以的啦，學一些防身用，在國外可能會需要。」阿泰教練說。

結果教練就開始手把手教我打速度靶，打下去看到速度靶彈來彈去，還真的滿有成就感的，這個主要用於拳感的維持，也是拳擊選手必備的技能之一。

練習接近尾聲，中華奧會主席林鴻道也來到訓練場館探班，勉勵選手打出好成績。最後拳擊隊總教練柯文明代表接受我們的採訪，他提到這幾天訓練其實就是維持選手對於比賽的感覺，並且注意身體健康，同時等待抽籤結果出爐，

黃筱雯與劉宗泰教練把握官方練習時段調整狀態。

中華奧會主席林鴻道（左四）專程前來關心拳擊隊練習。

就可以趕快針對對手做戰術情蒐擬定。

選手由林郁婷代表受訪，一直以來我都覺得郁婷是一個酷酷冷冷的女生，但其實她算是冷面笑匠，腦中也充滿智慧，每次採訪都妙語如珠，是台灣運動員口才非常好的代表選手之一。

郁婷聊到來東京的這幾天，心情有點過度亢奮，不過教練和隊友都互相提醒，不能一下子衝太快，興奮感要慢慢累積到比賽日，然後在擂台上敲響比賽鐘聲的那一剎那，火力「拳」開，這幾天也慢慢習慣東奧的生活模式了，接下來就等真的站上夢寐以求的奧運擂台了。

拳擊隊結束練習，跟我們彼此互相打氣鼓勵，選手教練也都知道我們這幾天在東京受的鳥氣，紛紛跟我們說辛苦了，但能近距離採訪為國爭光的中華隊，我們的辛苦根本不算什麼，反而是一種榮譽勳章呢！

我和雄哥收拾好器材，準備離開訓練場館的時候，門口的志工阿姨，突然送了我們兩支開運紙鶴，上面還用英文寫著「You are the champion, enjoy the game.」，這隻紙鶴也給我滿滿力量，東奧期間我都把他擺在我房間桌上最顯眼的地方，心情不好的時候就看一下紙鶴，想想在日本遇到的好人與善良的人，瞬間覺得也沒什麼過不去的坎，甚至最後回家日坐飛機回台灣，雖然媒體團沒有戰鬥機護航，我有紙飛「雞」陪我一起平安回台，也是感動滿滿了。

拳擊女將進行模擬實戰。

東京奧運

1 DAYS

2021

7.23

2021.7.23

在開幕現場看超級變變變……都在工作沒看到

清晨六點半，還沒等手機鬧鐘響，我自己就醒了！因為今天就是東京奧運的開幕日，我一直到昨天深夜，都還沒等到 Azusa 回覆我到底我們申請進入主場館採訪開幕的許可下來了沒，整夜忐忑不安沒有睡好，一早起來又是下意識趕快看手機有沒有收到 Azusa 的訊息，還是沒有。

即便很累，但實在無法再繼續睡下去，起床後又發現喉嚨有點不太舒服，乾乾癢癢的，身體和心理壓力都大到有點受不了，趕快沏上一杯台灣茶喝下舒緩一下緊張的情緒，簡單盥洗後就去吃早餐。

戰戰兢兢喝下味噌湯，嗯……很鹹很有味道，看來還沒有喪失味覺。吃完早餐後和雄哥再度前往國際轉播中心，在搭乘接駁車時，Azusa 打電話過來了。

「早安 Blue 桑，今天開幕的採訪許可下來了喔，你們一共獲得兩組，也就是四個人可以進去開幕現場，也有專屬的攝影機位置，你們隨時可以來跟我領取開幕的門票還有採訪臂章。」Azusa 說。

「喔，那真的是太好了，我大概半小時內就會抵達國際轉播中心，我再去日本電通辦公室找妳，謝謝。」我回答。

說實在話，我沒有想到台灣的聯合採訪團可以獲得四張開幕式門票，原本想能有兩張我就很開心了，結果超出我的預期，我和雄哥一組，另外一組原本要給聯訪團最資深的大姊去開幕，結果大姊說她不想去開幕人擠人，願意把名額讓出來，於是我就把另外兩個進場名額，開放給友台另外兩位攝影哥哥，加上我和雄哥一共四人前往國立競技場採訪東奧開幕。

我們一行四人在接駁車總站集合，下午兩點搭乘開幕專屬接駁車前往國立競技場。

開幕式當天我特地穿上「台日友好ともだち」的 T 恤，結果在前往主場館

的路上，好多日本路人看到奧運接駁車，都朝我們揮手，我也趕快露出我的T恤給窗戶外的路人看，大部分的路人看到都超開心，紛紛拿起手機拍照，雖然隔著口罩隔著馬路，但這種台日友好的默契，真的感受到日本民眾的熱情。

當接駁車抵達國立競技場外圍下車處，一下車我和雄哥就發現，原來國立競技場旁邊就是明治神宮野球場，兩年前二〇一九世界十二強棒球賽，一樣是我和雄哥來日本採訪，就曾經到過這裡拍攝專題節目主持人開場畫面。

兩年後舊地重遊，從明治神宮野球場，再到對面的奧運博物館，全部擠滿日本民眾，說好的無觀眾開幕、無觀眾賽事，這個時候擠滿人，而且兩側圍欄外的民眾，距離持證的東奧開幕相關人員，包括記者媒體，最近真的大概就兩、三公尺而已，甚至有很多漏洞，可以直接跟日本民眾接觸，要知道在開幕的這周，東京都每天確診人數都破千，而且人數每天都在增加，開幕式這天的周圍防疫措施，還是不免讓人捏一把冷汗。

東奧主場館——國立競技場，開、閉幕及田徑皆在此進行。

贈送小禮物給友善的東奧日籍人員。

通過層層安檢和證件確認後，終於進入到國立競技場內部，有兩位日本志工弟弟妹妹，看到我的衣服，馬上走過來用英文問我們是否需要協助幫忙，我請他們帶我們到我們申請到的攝影機位，結果他們也不是很了解場地配置，但還是努力幫我們尋求解決辦法，而且一路上一直跟我們聊天，說疫情之前都有來過台灣，很喜歡台灣的食物和文化，希望很快能夠再前往台灣旅遊。

我們跟著志工弟弟妹妹爬了三層樓，終於找到攝影機位置，我拿出口罩和中華隊徽章送給兩位志工，並且跟他們留下合照，祝福他們東奧工作一切順利，他們也用英文跟我說，這就是他們熟悉的台灣人，熱情友善又幽默。

我和雄哥要製作開幕式場館花絮新聞，因此委託另外兩位聯訪團哥哥幫我們在三樓顧器材，我們到國立競技場入口廣場拍攝採訪。

國立競技場入口廣場，有兩個明顯地標，一個就是奧運五環，奧運五環和背後的國立競技場巧妙前後呼應，加上開幕當天萬里無雲，藍天朝陽照射出奧運地標最鮮豔的色彩，許多開幕式 VIP 嘉賓都紛紛和奧運五環拍照，我看到幾位日本小姐姐，趕快過去搭訕……是問問看能不能受訪。

和好搭檔雄哥首次造訪主場館。

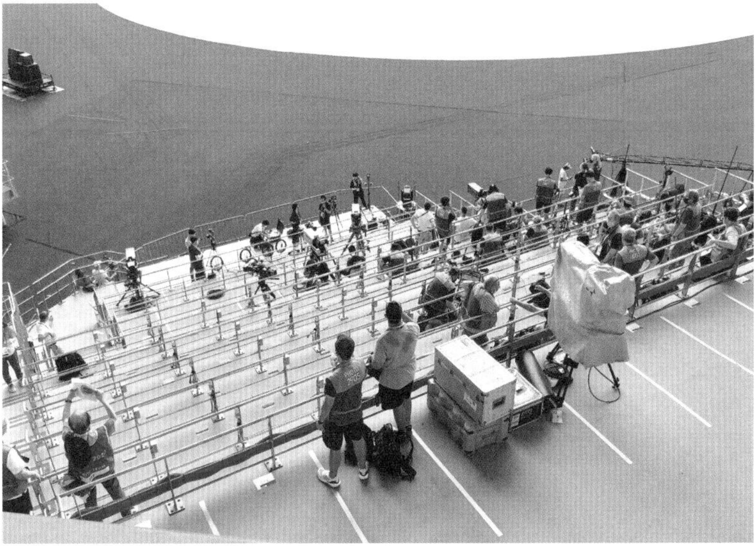

全世界僅九百五十家媒體獲得開幕進場許可。

「不好意思，能不能採訪妳們呢？」我試圖不要像個痴漢。

「可能不行耶，我們是可口可樂公司的人，採訪要問過長官才行。」日本小姐姐回答。

可惡，被拒絕了，不論我怎麼軟磨硬泡，日本小姐姐都說「だめです。」。

正當我一籌莫展的時候，看到一位外國記者大哥，也把奧運五環還有國立競技場當背景，正在錄製他的新聞主持開場，我耳朵趕快湊過去聽，確認大哥講英文，於是等他錄製完畢，我趕快過去詢問他能不能受訪，結果緣分就是這麼巧妙，大哥說他是澳洲記者，而且跟我第一天到媒體中心採訪到的澳洲姊姊 Christine 居然是同公司的同事！

澳洲記者大哥一聽到我們曾經訪問過 Christine 姐姐，他也笑出來，說世界太小了，然後就侃侃而談接受我們的訪問。

我想如果這次沒有澳洲 Channel 7 的 Christine 姊姊和 Chris 大哥，我至少有兩天新聞就難產了。我以前是不太相信巧合緣分的，但這次東奧我相信除了台日友好，台澳也很友好。

當我訪問完澳洲 Chris 大哥，有一位穿著東奧主管衣服的大哥朝我靠近，我想說完蛋了，該不會這裡不能採訪吧！結果大哥拿他的手機給我，請我幫他跟奧運五環拍照。

我鬆了口氣說當然沒問題，雄哥馬上跟我說：「楚育，你跟他說拍照可以，但是等一下要接受我們訪問。」

妙呀！這步真的高招。

我特地用英文跟那位主管說，姿勢要怎麼擺，然後各種風格都快速拍一輪，確保他滿意照片，然後問他。

「我幫你拍照，你方便接受我們訪問嗎？放心，只是聊一下開幕式你期待的表演或是特色這樣……」我其實已經做好被拒絕的準備。

「Of course！你幫我照片拍這麼好看，當然可以採訪囉！」奧運主管回答。

於是我的新聞除了澳洲媒體大哥之外，第二次有東奧官方人員受訪（第一次是去排球館訪問場地經理）。

要知道東奧對於官方發言這件事，是非常嚴格慎重的，從開幕前我們去奧

選手家族經理 Emilio 提供我們許多情報。

運廣播服務公司訪問長官碰壁，再到各比賽場館開箱時，場館經理幾乎都不受訪，他們都透露奧運高層因為疫情關係，有下達官方人員盡量不要「輕易」的接受媒體訪問，最好是由官方高層統一回答。

這位奧運主管名字叫做艾米里歐（Emilio），他是奧運選手家族的經理，主要負責選手村的相關管理業務，聽口音應該是來自中南美洲。訪問完後就是他跟我透露奧運高層下達的「禁言令」。

我問那我們採訪他不是會害他被罵嗎？

「Don't worry kid, I don't give a fxxk.」（別擔心孩子，我他 X 的不怕）Emilio 酷酷

跩跩的說。

天呀！我太愛這位 Emilio 大哥了，他說如果官方人員的態度是躲躲藏藏，那不就代表奧運方很心虛嗎？如果沒什麼好隱藏的，那幹嘛怕媒體來問呢？

加上他在旁邊也有觀察我和雄哥工作，覺得我們不是壞人，只是想把工作做好而已。我真的很感謝這位 Emilio 大哥，也留下聯絡方式，跟他說如果接下來還有遇到他，我會準備台灣的泡麵和茶葉送給他。

結束完奧運五環這部分的拍攝，我們再往旁邊走，廣場上第二個顯眼的地標，就是一座三層樓高，以知名足球漫畫主角大空翼為主題的日本足球隊漫畫牆，我們在這裡錄製了新聞專題開場，也模仿一下大空翼的射門。

回到競技場內部三樓的攝影區，狀況又來了，有一組伊朗記者態度非常強硬的表示，我們佔到他的位置了，要我們離開，口氣非常不友善，而且完全沒有可以討論的空間。

我傻眼，難道是剛剛那組弟弟妹妹帶錯位置了嗎？好沒關係，我再去問問其他志工，結果其他志工也是一問三不知，沒辦法幫我們解決，我和雄哥只好

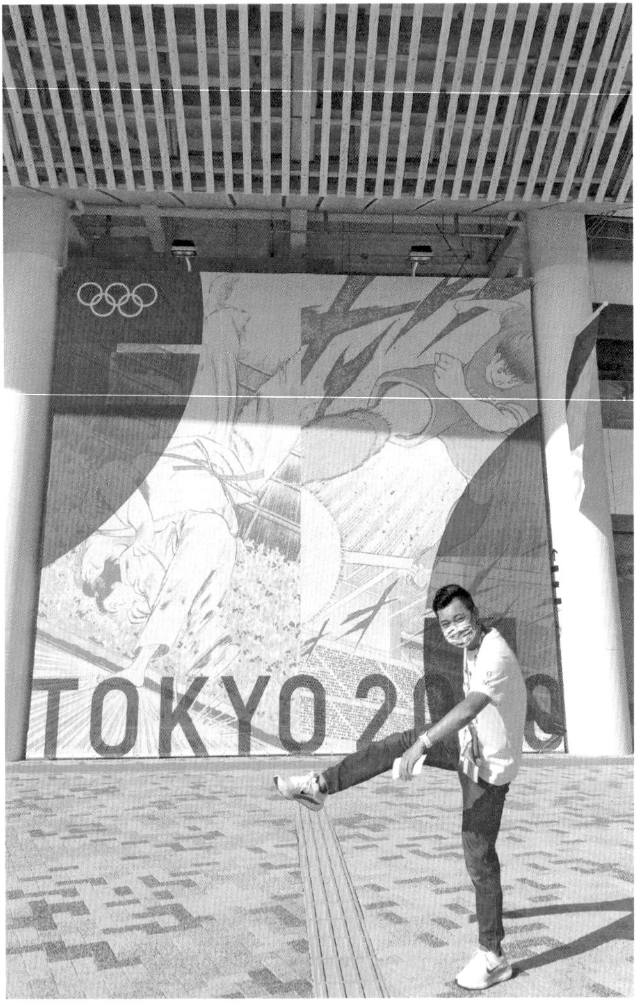

東奧結合大量日本動漫元素進行文化宣傳。

先回到一樓找到一個空桌，說是空桌其實上面也有貼日本電視台的名條，只是他們人還沒到。

我們打算先把剛剛拍攝採訪的開幕花絮新聞製作完成。

趕快寫稿、過音，再將後續剪輯、傳輸工作交給雄哥，我趁空檔快速繞國立競技場一圈，再一路爬到五樓觀眾席，終於找到中華奧會的會旗。

我在中華奧會的會旗下自拍，並用手機錄製一段開幕式前的簡單報導，傳回台灣給愛爾達在開幕轉播前播出，然後我一抬頭看見夕陽正好就在國立競技場的頂端，橘紅色陽光溫暖的撒落在競技場內，我坐在偌大卻空曠的觀眾席上，想著全世界只有九百五十人能參與這次的東奧開幕，心中有驕傲、有開心也有許多遺憾，如果今天開幕式有開放觀眾進場，我的開幕新聞可以訪問到很多有趣的觀眾，很多有趣的店家，也能夠實際聽到日本民眾對於東奧的期待。

走回一樓跟雄哥會合，他剛好也完成第一支新聞的剪輯，這時候有一位工作人員走過來跟我們說，我們不能使用這邊的桌子因為這是要花錢的。

唉，我們也是花大錢買轉播和採訪證的呀！不過我理解這個位置本來就不是我們的，只好轉移工作人員的話題。

「不好意思，我們找不到我們申請的攝影機拍攝位置，可以請你跟我們說在哪裡嗎？」我詢問工作人員。

工作人員很客氣地請一位志工帶我們前往，我們一共有兩個攝影機位置，一個在田徑場一百公尺終點線上方的看台，另外一個在聖火台左後方的觀眾席上，最後我們選擇在聖火台後方這裡做為主要的拍攝點，因為運動員進場最後一定會經過聖火台旁邊，也是距離我們攝影機最近的地方。

日本當地時間晚上七點五十九分，國立競技場內燈光全部暗下來，大螢幕上開始播放倒數影片，最後的10、9、8、7……。

3、2、1……璀璨的煙火從國立競技場屋頂環繞發射，就那一剎那，我的眼淚流下來了。

身為一個體育記者、體育主播，我其中一個職涯夢想就是採訪奧運還有奧運開閉幕！

沒想到全世界九百五十位媒體，我就是其中一個，在東京現場見證奧運開

開幕表演融合日式傳統、流行文化與運動意象表達。

中華隊進場，奧運比賽即將正式展開。

幕，再想到一年前奧運延期，以及整個上半年都在為了東奧中華隊點將錄專題製作東奔西跑，還有擔任聯訪團組長、防疫聯絡官，事前投入許多心血準備，再看到開幕煙火射向天空的那一刻，心中除了無比震撼、感動之外，更多的是幸福感，身為一個體育記者，我是當下最幸福的人。

我轉頭看到雄哥正在用攝影機拍我，我趕快假裝擦汗擦掉眼眶中的淚水，欣賞一整天下來，為數不多僅僅一小時的開幕表演。

場中央藝術團隊用運動日常拉開表演序幕，緊接著日本國旗進場，在夜空中緩緩升起，下一組表演團隊穿著日本傳統慶典服裝，載歌載舞融合過去與未來，木頭製的奧運五環，在場中央慢慢拼湊完整，我又感動哭了，東京奧運在這一刻真的開始了。

接下來運動員進場，等了一個多小時終於等到中華隊進場，由郭婞淳和盧彥勳共同擔任掌旗官，我用現場採訪記者的角度，寫下東奧開幕的第二篇觀察報導。

「當中華隊進場的那一刻，在現場會有發自內心的感動和驕傲。台灣雖小，但運動員卻都無比強大，雖然偶爾會吵架，會有不同的聲音，不過到了國際賽，同島齊心，不分藍綠……」

然後當天這則新聞上傳YouTube後又炸鍋了，大部分的民眾都是支持中華隊、台灣選手的，但還是有許多「政治敏感者」，聽到新聞中講的是中華隊，就開始瘋狂留言酸只能講台灣隊，不要講中華隊怎樣的。

又或者不斷酸我們採訪團隊很爽，可以進場看開幕，甚至說採訪團隊根本不辛苦，可以現場看爽爽之類的留言。

最讓我生氣的一則留言說：「台灣英雄世界有名，笑掉大牙……」。

嗯對，這留言就是在嘲諷我的新聞主持開場白，能不能震撼全世界，是不是台灣英雄，也不是你們這些酸民說了算，最可悲的就是不負責任的網路酸民、霸凌，試圖帶風向，要針對隊名、少數溝通誤會事件、政治議題等等來做文章，我只能說，難怪類似的事情不斷發生，我在新聞中都說了，到了國際賽，同島齊心，不分藍綠，先全心全意幫台灣選手、中華隊加油很難嗎？

我們雖然是全世界少數能夠進場看開幕的人，沒錯是幸運的！但我們都是冒著染疫風險、是來工作，不是來爽的，開幕式的晚上，我只看到中華隊進場後，我就和雄哥轉移陣地到地下一樓的媒體工作室，趕快製作當天的第二則開幕新聞。

由於是開幕式，媒體工作室幾乎沒有位置，我打完新聞稿，跑到旁邊廁所裡面配音，回來後看看時間，提醒雄哥我們要先去搭乘接駁車，不然等到開幕典禮結束再去搭，可能會等很久或是困在國立競技場出不來。

當我和雄哥走出國立競技場往接駁車方向前進，我們看到國立競技場周邊柵欄外擠滿了日本民眾，大家舉著支持東奧、日本隊的標語，而就在另外一條街道上，三輛宣傳車和抗議東奧的遊行隊伍，試圖要突破交管封鎖線，和警察僵持不下，還好沒有演變成更激烈的衝突。

這個時候國立競技場上空，幾百台無人機拼出東京奧運的LOGO，我……沒看到因為我在排隊等接駁車……

東京奧運開幕表演最驚喜的超級變變變，我……沒看到，因為我在接駁車上確認隔天採訪行程的申請許可……

王貞治和長嶋茂雄點燃聖火的最後高潮，我……還是沒看到，因為我在回媒體中心的路上……

爽嗎？這樣大家還覺得到現場看開幕爽嗎？我一邊看網友的留言，邊生著悶氣，我只看到整個開幕的三分之一，還要一直處理工作，根本沒辦法用放鬆的心情去欣賞東奧開幕，卻被大家留言酸，記者很爽可以去現場。

當我和雄哥回到媒體中心，處理完新聞傳回台灣，再搭乘東奧計程車回到飯店時，已經是當地時間凌晨一點了，我們前一餐就是早餐。

我在回飯店的路上，氣不過一直跟雄哥吐苦水，雄哥還是一副老神在在，他淡淡地說。

「這不就是我們的工作嗎？好壞冷暖自知就好啦，我們把工作做好，安全平安回去就好了，其他的不要想太多。」果然是跑過三屆的奧運老鳥會說的話。

好吧，強忍著許多情緒和無奈，先給楚育一瓶啤酒，忙碌的開幕式告一段落，明天開始就要努力在前線，傳回中華隊的第一手報導了。

TOKYO 2020
TOKYO 2020
TOKYO 2020
TOKYO 2020
TOKYO 2020

東京奧運

2 DAYS

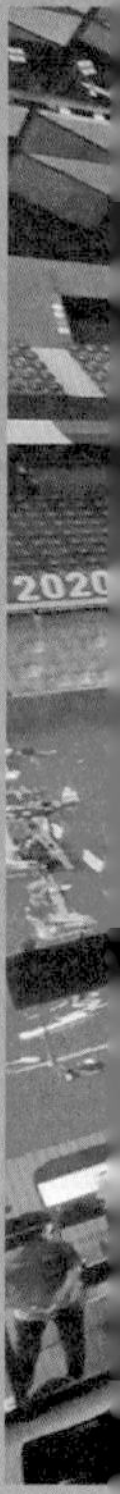

2021
7.24

小戴一出手，便知有沒有

東奧比賽正式登場，我和雄哥一大早就從飯店直接搭乘東奧計程車，前往調布市「武藏野之森公園」，台灣自由車一哥馮俊凱，即將單騎出發挑戰魔王等級的東奧賽道。

東奧自由車公路賽，賽前就被喻為是難度五顆星的賽道，全長兩百三十四公里，一路從武藏野森林公園出發，沿途經過富士山山腳，最後抵達富士賽車場。總爬升海拔超過四千八百公尺，再加上開賽時間接近中午，車手們不但要調配體力和身體狀態，還要想辦法跟上主集團，一旦跌出主集團，想要再憑一己之力追上是非常困難的。

我們抵達武藏野森林公園後，找到中華

東奧開賽後，第一位採訪的選手——自由車馮俊凱。

隊休息帳篷，跟阿凱還有教練團打招呼，當時同樣跟馮俊凱都在巴林車隊的日本地主選手新城幸也，也跑來阿凱的帳篷串門子，兩個人也相約開賽的時候可以一起騎，交流一下今天的比賽策略，馮俊凱賽前也跟我們說，他的目標就是挑戰看看能不能在開賽後，找機會擠到主集團前方，爭取多一點的曝光甚至挑戰突圍，當然最大的目標還是順利完賽。

由於自由車起點相當狹窄，拍攝的位置也有限，不一定能拍攝到很好的畫面，於是我和雄哥兵分兩路，雄哥用攝影機在起跑拱門旁等待，拍攝鳴槍起跑的畫面。

我則是在起跑拱門的後方、車手集結

馮俊凱挑戰「魔王等級」東奧賽道。

處，拍攝馮俊凱的等待起跑畫面。還好過去愛爾達也常常採訪馮俊凱，當我們跟他說起跑集合的時候盡量靠右邊，讓我們比較好拍攝畫面，他也是二話不說就答應。

集合的時候我跟阿凱說加油，馮俊凱酷酷的回我一個點頭微笑，然後新城幸也信守承諾，真的出現在阿凱的旁邊，兩個人趕快交流一下開賽的策略。

起跑時刻，選手們陸續通過拱門出發，武藏野森林公園旁邊就是調布市小型飛機場，兩台空拍直升機馬上起飛跟著選手們，開啟東京奧運單日時間最長、比賽時間最久的自由車公路賽。

車手們陸續出發完畢，我和雄哥在起點

拱門一起拍照，這是我們東奧採訪的第一個項目、第一個中華隊選手，雖然後來阿凱因為配速和身體狀況，無緣完賽。他還是我心中永遠的東奧中華隊偶像，謝謝善良親切的馮俊凱，讓東奧正式賽程的第一天的一個項目，有一個好的開始。

拍攝完馮俊凱起跑，我和雄哥的下一站要前往武藏野森林公園旁的「武藏野之森體育館」，那裡是東奧羽球比賽的場地，雖然就在旁邊，不過距離也有一點五公里。

東奧的接駁車概念很有趣，基本上就是以主媒體中心外面的接駁總站為核心、出發點，接駁車往返於各場館之間，但鄰近的場館之間，不一定會有「場館到場館」的接駁車。

也就是說即使武藏野之森東、西兩側，有羽球館和自由車公路賽起點，兩場館之間並沒有直通的接駁車。

而且武藏野森林公園位在調布市，屬於東京都郊區，要路招東奧計程車也非常不方便。

看了一下時間和羽球賽程表，距離羽球中華隊戴資穎出賽，還有大概一個小時，經過討論後，我們決定直接走路從自由車起點走到羽球館。

當天戶外溫度超過三十度，又有點悶熱，我們扛著腳架和攝影器材，汗如雨下的走在武藏野森林公園，倒也是一種夏日浪漫!?

武藏野森林公園，比較像是運動公園，周邊除了有綜合體育館（羽球館）、田徑場、足球場之外，還有簡易棒球場和足球場。我們邊走邊看日本小朋友踢足球、打棒球，或許十五年後，他們會成為日本隊國手，在最高層級的賽事大放異彩吧。

走了半小時終於來到羽球館，一進場內先找到位在三樓的攝影區，我則是往一樓混合採訪區移動。在東奧期間每個場館我們都會申請兩個區域，攝影區和混合採訪區，攝影區可開放「持權轉播商」，自由拍攝不受限制。

混合採訪區則是選手比完賽，第一個會經過的點，讓持權轉播商可以優先採訪選手的區域，混合採訪區後面才是一般採訪區，開放給非持轉播權的一般媒體採訪。

羽球館是整趟東奧造訪最多次的場館。

我拿著採訪器材走到一樓，看了看混合採訪區，後方有三個位置都是空的，疫情之下，每個場館的混合採訪區，都盡量做出空間區隔，保持安全距離，媒體採訪選手也必須拿一個竹竿式的麥克風或站立式麥克風腳架，保持和選手兩公尺以上的距離進行採訪。

我確定我的位置是無人使用的區域，開始架設麥克風腳架和採訪器材，結果一個金髮戴眼鏡的中年媽媽，一臉嚴肅的向我走近。

「哈囉，我可以看一下你的證件嗎？」場館經理說。

「當然可以，我們是來自台灣的媒

體，有申請今天的羽球採訪。」我秀出證件並回應經理。

經理確認了一下她手上的名單。

「不好意思，你們申請我沒有看到喔！你可能不行在這裡採訪。」場館經理嚴肅的說。

「蛤!?可以再幫我們確認一下嗎？我的申請許可上顯示是通過的呀？」我回答。

經理找來她的副手，副手是一位南亞裔臉孔的輕熟女，一樣的臭臉和嚴肅，結果副手和經理交談後跟我說。

「我們這邊的資料顯示，你們只有獲得三樓攝影區的許可，一樓的混合採訪區沒有通過喔！」羽球館經理說。

偉哉東奧，莫名其妙的申請事情又一樁，給我們通過攝影區卻沒有通過混合採訪區，真的很妙。

事實上我在出發前就知道了，我們只有獲得攝影區的許可，不過想著到了現場再想辦法處理看看，我相信中華隊的選手，看到愛爾達，一定都會願意停下腳步讓我們採訪一下完成我們的工作。

我決定用哀兵政策，跟場館經理懇求一下。

「真的不好意思，我以為我們是有通過的，能不能幫幫忙，我們只需要採訪中華隊、台灣選手就好，我可以先讓開這個空間，等中華隊選手比完賽，我只需要五分鐘採訪就好。」我祈求兩位場館經理。

「可能不行喔，這樣違反規定。」場館副經理搶著說。

什麼啊，妳主管都還沒說話，妳在那邊搶著拒絕我幹嘛，刷存在感喔，我心裡罵聲連連。

場館經理確認一下目前的混合採訪區區域使用情況，還有中華隊選手出賽的時刻表。

「我同意妳們在中華隊比完賽後可以採訪，但下次記得要通過官方申請才能使用。」場館經理終於心軟。

我也想知道明明現場還有這麼多空間空位，為什麼東奧官方就是拒絕我的申請呀！這個情況從開幕前幾天，到開幕的第一週都好像在抽福袋一樣，每天晚上看到場館申請的回覆信件，心情都忐忑不安。

羽球館經理同意後，請副手跟我解釋在混合採訪區的相關規定。

「不可以使用閃光燈，不可以接觸選手，不可以影響其他媒體，不可以隨意移動位置，請牢牢記在心裡，我會時刻看著你們的。」場館副經理一臉不爽的解釋。

「OK，OK，我一定會記住的，真的謝謝你的幫忙。」我笑笑的回應但心裡先「乾」為敬。

副經理講完後還是戴著那撲克臉離開，我趕快瞄了一下羽球館經理、副經理的名牌，經理叫做「Helen」，副經理叫「Geetha」，我怎麼也想不到，這兩位場館經理，會成為我在東奧期間，最多恩怨情仇的場館工作人員。

不論如何，總算解決第一天在羽球館採訪的問題了，我在等待戴資穎比賽的空檔，拿起手機拍一些照片和影片，想發一些社群貼文，結果 Geetha 看到我在拍照，快步衝過來跟我說。

「你不能在這裡錄影，這樣違規。」Geetha 很兇地說。

我秀出我的證件，我確定我們的證件是可以在場館內拍照攝影的呀！怎麼妳說不行就不行，而且在我隔壁的愛爾蘭記者，他直接開手機在直播⋯⋯

妳只抓我是怎樣？我一臉問號，本來剛剛累積的怒氣已經到極限，很想跟Geetha吵架，但心裡有一個聲音又告訴我，「第一天而已，以和為貴！」

我連忙說sorry，我不知道這裡不能拍照，真的抱歉不會再犯了。

「下次違規我就要通報囉！」Geetha很嗆的警告。

我完全支持場館的各項規定，但妳也一視同仁一點吧，妳要來到我位置之前，一定會經過那個愛爾蘭記者的位置耶，他開直播那麼高調，妳完全不當一回事，這怎麼能說服我不能拍照，重點是，我後來瞄到愛爾蘭記者證件，他的權限跟我根本一模一樣，好一個羽球館雙標妳說了算。

戴資穎在東奧小組賽首戰，只花了二十五分鐘、直落二打贏瑞士對手，拿下小組賽首勝，小戴在採訪區心情很放鬆，也聊到以往在日本比賽都有不錯的表現，東奧首戰把狀態逐漸調整到位，身體感覺都很好，接下來會繼續把臨場感覺再打得更強勢。

有看戴資穎奧運首戰的觀眾，可以很明顯看出對戰的兩位選手，實力是有一段落差的，我當天的新聞標題寫下「戴資穎首戰輕鬆勝狀態調整到八成！」，然後就又被網友修理了，一堆留言說不可以寫「輕鬆勝」，這樣太瞧不起對手怎樣的，結果有分為兩派正反意見的觀眾開戰。

「比數看起來確實是輕取，標題也沒否定背後的努力呀！」A網友。

「台灣媒體又再造神囉！才贏一場就輕鬆囉！」B網友。

「二十幾分鐘就打完的國際賽，是實力懸殊才會有的情況，也沒寫對手的不好，標題只是傳達小戴輕鬆贏球的事實。」C網友。

好吧，怎樣寫大家都有意見，都能夠見縫插針找爭議點，我也是笑笑的，同事後來跟我鼓勵，嫌貨才是買貨人，有吵代表大家有在關注，這樣也很好。

小戴開心收下首勝，但第一次踏上奧運賽場的男雙「麟洋配」，王齊麟、李洋，卻在小組賽首戰踢到鐵板，面對印度組合，麟洋配大戰三局敗下陣來，看得出來這對活寶非常失落，好像還找不到奧運比賽的感覺。

在出發東奧之前，我到左營國訓中心採訪麟洋配，他們樂天開朗和性格互補，以及對於奧運比賽的嚮往，都讓我特別喜歡這組搭檔，也發自內心希望他們能在奧運初體驗打出好成績。

結果評估首戰應該穩穩過關的比賽就輸了，要知道麟洋配分組分在死亡之組，除了有這組印度男雙好手之外，還有英國連恩（Ben Lane）、凡迪（Sean Vandy）名將搭檔，以及大會頭號種子印尼小黃人馬可士（Marcus）、凱文（Kevin），每一組都有衝擊八強的實力，必須拿下兩勝才有機會晉級。

麟洋配賽後相當失落，由性格沉穩的李洋代表受訪，他稱讚對手今天確實發揮得比較好，也會回去再和陳宏麟教練以及王齊麟檢討改進，接下來只能放手一搏。

李洋和王齊麟採訪完後跟我們說，輸球當下他們互相鼓勵，直接說沒關係，就下次奧運再來挑戰看看吧！

依照我當天在現場看麟洋配的比賽內容，我想這組奧運初體驗的寶島男雙，可能挑戰奧運頒獎台還是太早了。

東京奧運羽球賽程第一天，台灣選手戴資穎、晚場出賽的王子維都拿下首勝，麟洋配則是出師不利，不過羽球賽程還很長，一步一步、一拍一拍慢慢來吧！

經過一整天在武藏野森林公園的採訪後，傍晚直接打電話叫了一台東奧計程車，從武藏野森林公園返回東京住宿的飯店，一回到飯店打開電視剛好看到柔道六十公斤金牌戰，楊勇緯對決日本選手高藤直壽，最後楊勇緯吞了三張黃牌，敗下陣來獲得銀牌，但仍然是台灣史上奧運第一面柔道獎牌，也是中華隊在本屆東奧的第一面獎牌，賽程第一天就有獎牌，真的是一個好的開始。

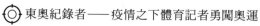

Ω OMEGA
車いす席
Accessible
Spectator Seating

東京奧運

3 DAYS

2021
7.25

2021.7.25

才第三天，就差點被拔證！

東奧正式開幕後第三天，我和雄哥的任務，依舊是遠得要命的項目「射擊」，包括射擊甜心吳佳穎、三屆奧運國手田家榛，以及空氣步槍呂紹全都會出賽。

在飯店路口路招東奧計程車，結果第一台停下的司機，看了一下我們要去的場館「陸上自衛隊朝霞射擊場」，司機馬上跟我們說，他是開短程的，沒辦法載我們去那麼遠的地方，開了五十公尺又把我們放下來。

「陸上自衛隊朝霞射擊場」有多遠？昨天去的武藏野森林公園，單趟的計程車車資大約是一萬兩千多日圓，「陸上自衛隊朝霞射擊場」單趟車資接近兩萬日圓。

在路邊又等了五分鐘，攔停另外一輛東

奧計程車，先詢問司機可不可以去陸上自衛隊朝霞射擊場，司機眉頭一皺說好吧，載我們去。

開了快一小時抵達陸上自衛隊朝霞射擊場的正門，這個地方就是一個軍營，門口荷槍實彈的軍人趕快上前跟司機解釋奧運場館要從旁邊的小路進去，就會看到指標，往小路進去大約五分鐘，終於抵達射擊比賽場地的入口。

今天的東京一樣熱，朝霞射擊場是一個半開放式的場地，許多的行政作業區域都是用簡易的輕鋼骨帳篷搭建起來，區域之間走路也都要走一段。

室內射擊比賽場地，完全沒有任何的拍攝規範，場館工作人員跟我們說，只要沒有影響到選手和其他媒體，靶位後方看台，都可以自由移動和拍攝，混合採訪區則是有兩處，一個在資格賽場館的外圍通道，另一個在決賽場館的外圍。

早上採訪的是女子十米空氣手槍，有五十多位選手要角逐八強決賽門票，這個項目是「證件妹」吳佳穎的專項，他和隊友田家榛中間只相隔一位澳洲選手，而吳佳穎的左手邊，更是世界紀錄保持人，來自希臘的名將柯拉卡奇（Anna Korakaki）。

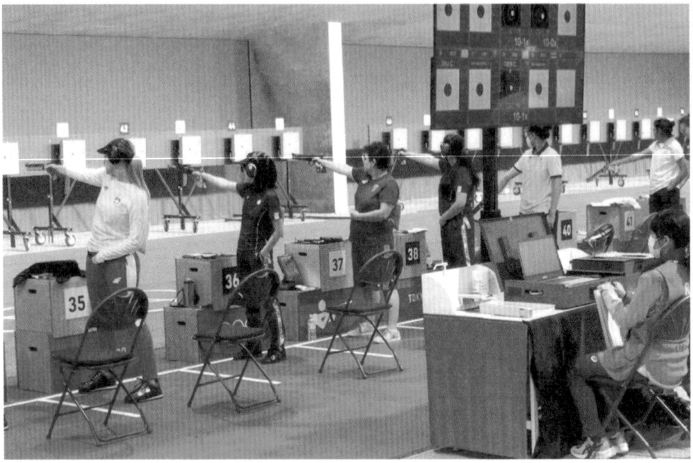

空氣手槍有兩位中華女將參賽，分別是吳佳穎（左二）、田家榛（左四）。

吳佳穎在上一屆里約奧運，發揮不太理想，淚灑賽場令人不捨，這一次心態和抗壓力都更加強大，以往在比賽中如果狀態失常，就很難調整回來，現在比賽中如果遇到亂流，都能很快調整好節奏，重新找到靶心。

最後吳佳穎拿下資格賽第十四名，雖然無緣晉級八強決賽，但也創下生涯在奧運的最佳成績，而且比賽過程中的發揮，讓她和教練郭孟熙都很滿意，是一次拚盡全力的好比賽。

吳佳穎賽後接受訪問也聊到，一開始確實還有點找不到比賽感覺，不過一瞄到旁邊的希臘名將，整個鬥志都被激發出來，這次成績雖然無緣決賽，但整體過程她都很滿意、不會難過，接下來也會再好好準備兼項的二十五米運動手槍奧運賽事。

早上的女子空氣手槍告一段落，我和雄哥移動到旁邊的場館媒體工作區域製作新聞，我寫完稿後拿著器材要找地方配音，結果找到的第一個地點，配完音后發現有訊號干擾的雜訊，我只好再跑到外面找地方配音，這一次盡量避開發電機和臨時搭建的訊號塔，最後在一個空地中間，頂著大太陽完成配音，回來後雄哥看到我還說，我跑去洗澡是不是，怎麼滿頭都是汗。

抓緊時間把早上的新聞先製作完，再回到下午男子空氣步槍資格賽的場地，剛好遇到中華隊幾位射擊國手楊昆弼和林穎欣，兩位分別會在不定向飛靶以及女子空氣步槍項目出賽，他們今天先來幫呂紹全加油。

楊昆弼在上一屆里約奧運，還跟雄哥交換過泡麵，從此成為「泡麵之友」，來到東奧他看到我們這麼辛苦，馬上去選手休息室拿了冰涼的可樂和運動飲料給我們喝。

呂紹全的空氣步槍資格賽展開，在東奧之前呂紹全其實經歷很長一段時間

空氣步槍國手呂紹全（右二），生涯上首度參加奧運比賽。

的低潮，一直找不到手感，也常常陷入自我懷疑的狀態，但來到東奧，呂紹全終於擺脫低潮，資格賽排名每一輪幾乎都在前二十名內，相當有機會一舉衝進前八名進入決賽，最後以資格賽第十七名坐收，成績還是讓呂紹全相當滿意，也有信心和學妹林穎欣在接下來的混雙賽事，能有更好的發揮。

空氣步槍比賽結束，我們和呂紹全說，在外面的混合採訪區要採訪他，請他收拾好裝備後走到那邊跟我們會合，我和雄哥則是先出去架設器材，結果來到混合採訪區，媒體根本滿出來，沒有任何空間位置，當天我們是有取得混合採訪區申請許可的，我客氣的詢問混合採訪區的工作人員，結果工作人員根本不太想解決混合採訪區混亂的問題。

「我也無能為力，你要排隊……」工作人員對我說。

我迅速掃視一下混合採訪區，看到有個小空間，應該足夠大，我趕快跟雄哥說我們架器材在那邊，才剛架好工作人員居然跑來跟我們說，我們不能架在這邊，要保持安全距離。

「旁邊這麼多人擠在一起，你去跟他們說呀！我好不容易有位置，你又叫我離開？」我有點生氣了。

工作人員看了看旁邊的狀況，沒有再多說什麼，但他也透過對講機找他主管來了。

好死不死，呂紹全走出場館，走錯通道沒有經過混合採訪區，我遠遠的叫他也沒聽到，只好跟雄哥說他在這邊等，我去拉選手回來，但是現場工作人員又說這邊是單行道，不能再走回來，我只好請呂紹全再繞一圈場館回來走混合採訪區。

當我領著呂紹全回到混合採訪區，雄哥被工作人員趕出來，說我們占用位置太久了，我傻眼，現在是要我們怎麼辦？我都遵照你們的規則，但是現場被你們搞這麼混亂。

「所以我選手來了，我要在哪裡採訪呢？」我耐住脾氣問工作人員。

「你們要等大家問完有位置喔！要排隊的。」工作人員還是那一套說法。

我們和選手就這樣乾等了快五分鐘，我受不了又跑去跟工作人員說。

「你們不能想點辦法解決這混亂嗎？這幾位媒體他們也是佔位置沒有在工作啊？為什麼不先給我們使用呢？我們三分鐘就結束採訪，結果現在一直在這邊等他們佔位置不工作的人，這不是很奇怪嗎？」我發現吵架英文能力會變好。

「我無能為力，抱歉！」工作人員居然這樣回我。

我真的氣都上來，直接跟選手說，我們就在混合採訪區的角落採訪，三個問題就好，很快就放呂紹全回去跟教練隊友會合，他也說沒問題。

就這樣在混合採訪區旁邊採訪他，這個時候混合採訪區主管出現，惡狠狠盯著我們，等我們採訪完後，主管馬上過來。

「為什麼你們要違反規定？」主管口氣不佳。

「我遵守你們的規定，詢問相關辦法，我選手都來了，旁邊的媒體根本沒在工作，為什麼不先把位置讓給我們呢？這不合理呀！剛剛我們佔到位置，只是去帶選手過來，也不過三分鐘，就被你們趕走，那群沒在工作的媒體都佔位置超過五分鐘了，你們也沒對他們說什麼呀？」我生氣的回應。

「就算這樣你也得跟工作人員反應，不能這樣私自帶選手到非採訪區訪問。」主管說。

「我從頭到尾一直在跟這位工作人員說明，請他協助，他只回我他無能為力要我排隊……」我指著那位工作人員說。

「其實我們有另外一個在決賽場館旁邊的混合採訪區，你們可以使用那邊。」主管這個時候終於提出有建設性的建議。

「工作人員沒跟我說呀！我們都有乖乖排隊，還幫你們想一些折衷的辦法，但完全沒有獲得回應。」我無奈回應。

眼看局面有點僵持不下，主管也明白我們的訴求，但他也放不下場館方的面子，最後只好出殺手鐧。

「OK，我知道情況了，這次先饒過你們，下次不行再犯，我必須記錄你們的證件，這是一次口頭警告。」主管沒招只好用官威。

「我們確實違規，我跟你們，還有工作人員致歉，但真的也請你們體諒一下採訪人員的訴求，我們只是想把工作做好，並沒有不尊敬你們的規定。」我趕快道歉希望息事寧人，為了工作我可以忍，我甚至都做好下跪的準備了。

主管看我們也算有誠意，請那位工作人員帶我們去看決賽場館旁邊的採訪區，同時跟現場所有媒體公布說明，如果採訪區不夠容納所有人，可以請大家分散到決賽外圍的採訪區，那邊也開放給大家採訪使用。

嗯……我明白了，原來這跟革命一樣，要爭取權益是要流血抗爭的，希望當天在場的其他國家媒體記住，來自台灣的媒體，用差點被拔證的風險，幫大家爭取更好的採訪空間。

工作人員帶著我去看另一個採訪區的路上，他跟我道歉造成我的工作不便，我也跟他說抱歉我違規，也說他只是做他的工作。

參觀完另一個採訪區後，主管問我是否清楚另一個採訪區的動線，我說非常清楚，趕快拿出愛爾達口罩小禮物送給他和那位工作人員，希望他們不要放在心上，他們做得很好。

終於結束採訪工作，往入口接駁車處移動，我一句話都不說，委屈和憤怒在腦中瘋狂翻騰，雄哥也很有默契地給我一點時間冷靜。

「剛剛那一齣，演得不錯，畢竟對方是場館，還是要給人家一點面子。」雄哥上接駁車後跟我說。

「X！明明是他們不對，按照他們的規則結果亂成一片，守規矩的都是白癡啦！」我還是很生氣。

「不管氣不氣，合不合理，這裡是人家主場，最重要的是，我們有完成工作任務，這樣就OK了。處理得不錯了啦！我們沒有被拔證，也給人家留一點面子，工作也完成，這樣就好了。」雄哥依舊是淡定的前輩，情緒控管值得學習。

「是說我們接下來還會來射擊場採訪嗎？」雄哥問我。

「不會了，不定向飛靶是長勳那組來。」我看一下任務分派回答雄哥。

「這樣喔……X你X的射擊場，垃圾！」雄哥怒吼。

我笑了，也看開了。

東奧真的沒有什麼好過不去的，只要每天工作順利完成就行了。

「不管今天夕陽是如何沉落，永遠都要期待明天的日出。」這是我今天最大的感觸，也是鼓勵自己的方式。

在接駁車回程往主媒體中心的路上，中華隊跆拳道女將羅嘉翎拿到銅牌，台灣選手在東奧連續兩天都有獎牌進帳，可喜可賀！

TOKYO 2020

4 DAYS

2021
7.26

今天的不愉快留在今天，因為明天會有更多不愉快！

前兩天都是去遠得要命的場館，今天將開箱兩個場館——拳擊和游泳比賽，今天也是拳擊隊四位女將中，第一位選手林郁婷準備出賽。

拳擊比賽場館「兩國國技館」，是日本相撲的聖地，在場館內部觀眾席都是四方形的方格，平常看相撲就會跪坐在椅墊上。

前面有簡單介紹我和拳擊選手的緣分，因此看到四位女將陸續出賽，我比平常更加緊張，尤其拳擊一翻兩瞪眼，一場輸就掰了，很吃籤運也很吃當天身體狀況。

我前一天晚上研究林郁婷的籤表，她從十六強開始打起將遇上菲律賓拳手、前世錦賽冠軍佩特希奧（Petecio），林郁婷只要闖過十六強，接下來要奪牌的機率非常高。

林郁婷有身高、臂展優勢，只要穩扎穩打，要過關應該是十拿九穩。

拳擊館的場館經理和混合採訪區的工作人員，都很親切友善，重點是「一視同仁」，我們在抵達現場和場館經理簽到、確認拍攝位置後，他請工作人員帶領我們到申請的拍攝區域，同時簡單導覽媒體動線和相關位置。

當工作人員講解到一半，發現觀眾席上有一位國外媒體，在違規區域拍攝，而且完全不管後方的同業不斷跟他說蹲下，執意就是要在前方擋住大家的鏡頭，工作人員直接走過去跟違規的大哥警告，結果大哥還是不管工作人員，工作人員拿出手機拍攝大哥的證件，然後過了幾分鐘，就看到保全過來請大哥去場外聊天喝咖啡了。

在等待林郁婷出賽的空檔，我繞了一下兩國國技館，如果在開放觀眾的情況下，進行拳擊比賽，相信選手們站上擂台也會感到血脈賁張的吧！

終於等到林郁婷出場，我緊張興奮到身體都熱起來，好像我也跟著上擂台一樣，林郁婷和教練曾自強的奧運拳擊夢，花了將近十年才終於踏上奧運擂台，

林郁婷是首位出賽的拳擊女將。

這一刻他們在擂台上的身影無比巨大、無比勇敢，把力量灌注在雙拳上，放膽去享受！

噹！開賽鐘聲響起，林郁婷和菲律賓對手保持距離，郁婷有身高和臂展優勢，在保持距離情況下，只要增加命中率，有機會搶下第一回合勝利。

沒想到菲律賓選手進攻非常強勢，開賽經過短暫的試探後，採取主動出擊，而且命中率很高！率先搶下第一回合的勝利。

第二回合林郁婷調整策略，增加主動輸出的頻率、壓迫Petecio，最後順利在第二回合扳回一城。

林郁婷落敗後，調整心情受訪。

來到第三回合，Petecio又改變進攻策略，以抓機會打反擊拳為主，收到很好的效果，幾次命中頭部的攻擊實在打得太好了，最後林郁婷很可惜三回合下來二比三止步十六強，就這樣有點突然有點意外的結束奧運初體驗。

我在混合採訪區剛好遇到菲律賓媒體，我們透過電視觀看賽況回顧，等待選手比完賽過來受訪，雖然林郁婷輸了，但真的要稱讚菲律賓女將打得精彩，不愧是二〇一九年世錦賽的冠軍。

比賽結束，我用英文恭喜菲律賓媒體，我說你們的拳擊手打得很棒，是精采的比賽，祝福你們一路打進金牌戰。

菲律賓媒體也客氣的跟我聊一些比賽內容，還有林郁婷厲害的地方，他說菲律賓拳迷都知道林郁婷，也知道她是世界第一，菲律賓都說只要打贏林郁婷基本上就是冠軍在望了，給予林郁婷很高的肯定。

採訪器材都架設好了，曾自強教練帶著林郁婷到混合採訪區，林郁婷淚崩，久久不能面對鏡頭和採訪。

我跟教練說沒關係，給林郁婷一點時間，等她調整好心情再來訪問。

林郁婷受訪時還是不斷哽咽，我真的很不忍心，拳擊選手不但每天都要面對強度的肉體訓練，還要控制體重，在場上短短的幾分鐘，就會決定出幾個月、甚至幾年下來的訓練結果。

「在哪裡跌倒，就在哪裡站起來，雖然今天結果並沒有那麼受到眷顧，但自己回去會想辦法再站回來！」林郁婷紅著眼眶說。

「很抱歉讓大家失望了，我們本來是有很大的期望信心，我想就是再努力。」曾自強教練受訪時也差點落淚。

我也哭了，看著郁婷哭我也跟著紅眼眶，這是我第二次在東奧期間哭，第一次在開幕式感動哭，這次是不捨選手哭。

但該做的工作還是要完成，我隔了幾天也傳訊息給郁婷鼓勵，本來很擔心她會一直負面思考，不過她很快就找到下一個繼續往前的動力，化悲憤為力量，要像她說的，努力站回屬於她的奧運舞台。

結束拳擊場的採訪工作和新聞製作，我和雄哥馬不停蹄又趕往游泳館，游泳館位於江東區「東京水上運動中心」，是這一次的新建比賽場館，整個場館幅員遼闊，從接駁車下車處走到游泳館就要快十分鐘路程。

我們按照慣例先到場館經理辦公室報到打招呼，由於只獲得拍攝區申請許可，混合採訪區沒有通過，我跟場館經理詢問是否能跟現場的其他媒體同業溝通協調，請他們借我幾分鐘，採訪一下中華隊選手就好，得到的答案是肯定的，場館經理說沒問題，於是我暫時放下心中不安定感。

搭乘電梯來到七樓的拍攝區，雄哥在這裡拍攝畫面，我先移動到一樓的混合採訪區看一下現場狀況。

結果來到混合採訪區，現場人山人海，每個採訪位置都有人，當我準備走

東京水上運動中心，將進行游泳及跳水比賽。

進採訪區的時候，門口的韓國籍工作人員把我擋下來，說我不能進去，我跟韓國小哥說，場館經理有答應我，我只要問到其他國家媒體願意借我位置，就可以使用混合採訪區。

結果韓國小哥說，他沒接到通知所以不能做決定，我說好！那至少讓我去詢問一下其他國家媒體願不願意借我吧。

我走進去剛好看到王冠閎打破兩百公尺蝶式個人紀錄的電視轉播，王冠閎分組游出一分五十四秒四四，不但是預賽三十二選手中第二快，也一舉打破全國紀錄。

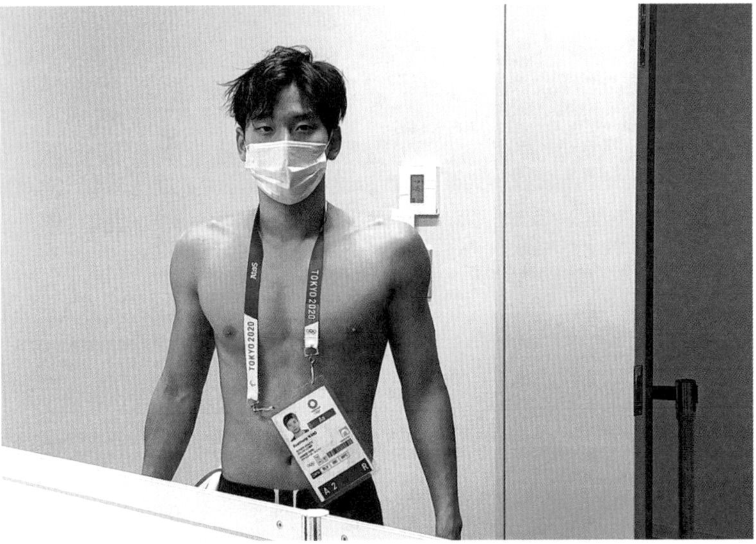

王冠閎兩百公尺蝶式預賽分組第一，一分五十四秒四四打破全國紀錄。

我趕快問了一個匈牙利同業，可不可以借我兩分鐘採訪我們中華隊的選手，因為他拿到分組第一還打破紀錄，匈牙利的大哥人很好，說可以借我五分鐘都沒問題！

三分鐘後王冠閎走進採訪區，因為雄哥還沒從七樓下來，而且找不到採訪區位置，我就先拿手機拍攝錄影王冠閎的訪問，結果我才剛開始三十秒，那個韓國小哥就一直試圖打斷我，說我必須離開！

我是跟別人借位置又不是跟你，你在那邊打斷什麼。接下來訪問，他還是不斷想要介入打斷，我整個訪問其實也只花了一分半鐘就結束，完全符合東奧的採訪限制。

當我結束準備收器材離開，韓國小哥直接拉我衣服，說我必須離開。

「你憑什麼動手動腳，沒看到我已經在收拾東西了嗎！」我整個火大，甩開他的手。

「我要拍下你的證件回報。」韓國小哥邊說邊拉著我證件帶。

「我跟你說放手，要看證件是不是，來！你的證件也給我看呀，我們去找你主管解決，你今天在這裡對我動手動腳，旁邊的媒體都看到了，我一定會跟你主管還有東奧官方投訴你。」我氣整個上來，拿起手機反蒐證拍他的證件。

其實我心裡是害怕的，如果鬧大了，我沒有把握會和平收場，但他觸碰到底線，我忍無可忍。

結果他大概嚇到了，因為旁邊很多人在看，只淡淡說了一句：「請你趕快離開。」

我一直拿著手機對著他拍，說你等著被檢討吧！最後轉身離開混合採訪區。

其實我當下很怕被拔證，畢竟前一天在射擊場，才發生類似爭執情況，說不定會影響到接下來的工作，可是冷靜過後越想越生氣，我又沒有不遵守規定，確實我的混合採訪區申請沒有通過，但我已經再三確認過場館經理，只要我自己問到其他願意借我們位置的媒體，就可以使用！

當下真的很委屈，我們是付錢買轉播、付錢來採訪的耶！憑什麼這樣被對待，動手動腳真的很不OK。

這種類似的事情，在東奧比賽前段，幾乎是天天發生，也是為什麼壓力這麼大的原因。我一直告訴自己，為了中華隊、為了工作、為了公司，這些事情我都可以忍，也不斷提醒自己，「今天的不愉快，不要帶到明天，因為明天會有更多不愉快。」

還好當下我趕快用手機採訪王冠閎，最後還是順利的產出破紀錄的新聞，當雄哥終於在一樓找到我的時候，我正好離開混合採訪區，一邊用英文幹譙著韓國小哥，雄哥問我怎麼了。

我說我們先離開，我再慢慢說，隨後在返程的路上跟雄哥說了剛剛發生的衝突，他嘆氣說，怎麼這麼混亂的情況每天都在發生，但還是老話一句，最後的新聞結果是好的，那就好了。

很少人知道，在中華隊選手光榮奪牌、出賽的背後，在第一線採訪的台灣媒體記者，到底受了多少場館的刁難跟東奧的鳥氣。

結束在游泳館的衝突，把王冠閎破紀錄的新聞傳回台灣，回到飯店又是接近午夜，今天中華隊繼續有獎牌進帳！桌球混雙林昀儒和鄭怡靜拿到銅牌、射箭男團也射下銀牌，中華隊前三天就累積兩銀兩銅，連續三天進帳獎牌，什麼不開心都煙消雲散。

TOKYO 2020
United by Emotion

東京奧運

5 DAYS

2021
7.27

2021.7.27

高壓力的工作狀態，還是要苦中作樂

經過幾天遠得要命場館和東奧工作人員吵架的不愉快後，我和雄哥這組終於來到「自由休假日」。

在東奧期間，六組採訪團隊，依照勞基法，最多上六天班就必須強制休假一天，今天就是我和雄哥的自由休假日。

不過都已經來到奧運會，我和雄哥前一天就說好，休假日這天還是想要去一些我們都很想去看的比賽和場館。

於是排球比賽又成為我的第一志願，而且想到在開幕前受到排球館工作人員極大的歡迎和幫助，我想在自由休假日去感受最高層級的排球賽再好不過了。

很幸運的，我申請排球館的拍攝和採訪

許可都雙雙通過！不但有專屬攝影機的位置，賽後要去採訪球員也有保留位，不會再發生像羽球館或游泳館那樣，只有其中一個位置，採訪區要自己去協調的狀況。

我申請採訪的排球賽事，是女排小組賽美國對決中國的好戲，到了排球館外圍，還看到許多中國赴日留學生，舉著五星旗和海報在幫中國女排加油。

簡單介紹一下這場中美女排大戰的看點，中國女排從二〇一六年里約奧運奪金後，開啟一段全新的黃金時代，以隊長朱婷為首、袁心玥、顏妮、丁霞、龔翔宇等好手一起在國家隊合作時間都超過三、四年。

中國女排二〇一八世錦賽拿到第三名、二〇一九世界盃拿到亞軍，整體實力和默契無庸置疑，再加上傳奇教頭郎平領軍，這次來到東京不但要挑戰連霸，至少賽前預期晉級準決賽應該是十拿九穩。

沒想到中國女排在東奧小組賽，首戰就以零比三不敵土耳其，第二戰和美國隊交手，要力拚預賽首勝。

美國隊這邊由三十五歲隊長、三屆奧運元老喬丹．拉森（Jordan Larson）

領軍，還有兩屆國家排球聯賽（VNL）最有價值球員，同時也是美國陣中主攻手蜜雪兒巴絲琪．赫克莉（Michelle Bartsch-Hackley）為進攻核心。

美國隊還有一位，本屆東奧最讓我印象深刻的新生代選手，「星際寶貝」喬登．湯普森（Jordan Thompson），她不但進攻突破力驚人，場外的和善更是直接圈粉。

「星際寶貝」，其實一開始沒有在美國奧運培訓隊名單中，一直到奧運前的預選賽，才獲得進入國家隊的門票。

不過湯普森保持良好的鬥志和練習態度，成為東奧比賽中的一大亮點，當陣中其他學姊攻擊手都被對手重點看防時，湯普森跳出來扛起球隊得分重任。

美國女排在東京奧運開打之前，剛剛拿下排球國家聯賽（VNL）三連霸，整體狀況相當理想，陣中球員也都有許多國際賽經驗，是本屆奪金大熱門。

因此中國和美國雙強在小組賽對決，除了有話題性，更有許多其他球隊都派出情蒐人員到場觀戰。

我們抵達排球館，再次遇見當時接待我們的球館幹部，很開心他們還認得我，因此很快就協助我們辦理好媒體報到程序，安排工作人員帶領我們到攝影區域以及賽後的採訪區域。

不得不說，身為一個排球迷，進到全世界最高層級的排球館，每一次都會讓我直接腦內高潮，每一次看到東奧排球場，都會讓我覺得我是全世界最幸福的體育工作者。

這幾年國際頂級排球賽事，都相當用心在經營還有包裝排球賽，包括賽前球員進場的炫麗燈光秀，透過高科技把球場變成大型投影幕，播放出每位球員進場時的專屬影片，搭配煙霧和熱血音樂，球員一一唱名進場，成為全場矚目的焦點，也讓現場觀看的球迷熱血沸騰。

兩隊在場中央列隊，隨後開始自由攻擊和發球練習，光是看世界最頂級球隊的自由攻擊，就已經覺得很過癮了。每一次舉球、每一次彈跳而起、每一次拉弓揮臂、清脆的擊球聲此起彼落在體育館，皮球重重打在地板上高速噴起的振奮感，都衝擊著我的五官。

光是觀賞賽前練習，我彷彿已經忘記前幾天的所有不愉快，因為我又重新想起熱愛這份工作的原因，就是享受運動所帶來最純粹的熱血快樂。

比賽開始後，美國隊從第一局就來勢洶洶，整體搭配很快就找到手感，攻防兩端都完全掌握主導權。

我對中國女排並不反感，過去也曾經在澳門看過中國女排在國家排球聯賽澳門站的比賽，我很喜歡中國女排的總教練郎平，總是氣定神閒的制定最有效的進攻方式，並且引導出球員最強大的潛能。

隊長朱婷扮演陣中王牌，比賽關鍵拉鋸時刻，朱婷往往都會成為中國女排最可靠的得分點。

賽前對於這場中美大戰，原本並沒有預設立場要支持誰，比較像是一個朝聖頂級排球賽的球迷，但隨著比賽開打後，美國隊精彩的配合、旺盛的鬥志，還有「星際寶貝」湯普森的強勢發揮，馬上被美國隊的球風吸引。

在我和雄哥進到場館後，一開始工作人員應該以為我們是要來拍攝中國隊的，所以引導我們到比較靠近中國隊的拍攝區，我坐的位置旁邊也被滿滿的中國媒體和中國代表隊成員所包圍，每當美國隊得分，我情不自禁地拍手叫好時，

東奧女排中美大戰，如果開放觀眾觀賽，肯定是票房保證！

附近的中國大哥們就會轉頭看向我這邊，用一種很納悶又帶點敵意的眼神看著我，到後來我索性拍手叫好時，都講英文「Nice! Good job! Come on!」，假裝我是ABC。

也還好附近的中國大哥沒有怎樣，大家就是支持喜歡的球隊，欣賞精采的中美大戰吧。

最終結果，美國隊在全隊發揮良好，還有「星際寶貝」湯普森狂轟單場最高三十四分帶領之下，直落三局擊敗中國隊，美國隊拿下小組賽二連勝，晉級八強複賽十拿九穩，反觀中國隊吞下預賽二連敗，而且是連失六局。

對於衛冕軍來說士氣和戰績跌落谷底，一旦最後要比得失局數決定誰晉級時，將陷入非常不利的局面。

我們趕快轉移陣地到一樓採訪區，中國隊球員全部低著頭匆匆離開採訪區域，連中國媒體要採訪球員也都被拒絕，最後只有郎平接受央視的採訪。隊長朱婷一看到大批媒體要採訪她，連續喊了三次「No No No～」隨後就快步進到球員休息室，留下一臉錯愕的中國媒體們。

以工作採訪的角度來看，中國隊輸掉對我而言是比較好的結局，因為如果中國隊贏球，美國球員受訪的意願可能不高，我們想要採訪中國球員，就要等到大批中國同業先採訪完，那天我目測至少有七、八家中國媒體在現場，然後中國球員是否願意接受「台灣」媒體採訪，又是充滿不確定性。

假設中國球員真的接受我們的採訪，不管球員們講了什麼，只要在愛爾達頻道、或是愛爾達 YouTube 上播出，都一定會引起許多口水戰，反正只要跟中國選手沾上邊的，就很難脫離「體育歸體育，政治歸政治」。

所以以工作的想法來說，美國隊贏球才是我心中最想看到的結果，首先

中美大戰狂轟三十四分的湯普森，賽後接受媒體採訪。

接受我們採訪的是美國隊長喬丹．拉森（Jordan Larson），她聊到連續三屆參加奧運的心情，前兩屆已經拿過銅牌和銀牌，這次當然特別想拿到金牌，不過她更開心的是，看到團隊的默契和球員凝聚力越來越好，全隊攻守運作都很順暢，這才是她最開心的地方。

我也趁機提到，我們是來自台灣的體育媒體，在台灣有很多排球迷都很支持美國隊，可不可以請她跟台灣的球迷打聲招呼，隊長也很親切地說沒問題，也希望台灣的球迷能繼續支持美國隊。

第二個受訪的就是在中美大戰轟下三十四分「星際寶貝」湯普森，湯普森真的就像是一個活潑的大女孩，完全藏不住自己的開心，不斷分享自己在這場高強度比賽中的收穫，也很開心隊友給她鼓勵，要她狀況好就多出手、多進攻，這場比賽也成為她在東奧期間建立自信的一場賽事。

當然，「星際寶貝」也有跟台灣球迷打招呼！

湯普森的活潑熱情還有親切感，馬上圈粉我，我採訪完後很難得一秒切換成迷弟狀態，詢問湯普森說可不可以跟她自拍合照，湯普森說當然可以，還說我是她在東奧第一個合照的台灣男生。

度過了在排球場館愉快的一天，真的把前幾天不順心的情緒一掃而空，而更令人興奮的就是晚上回到飯店，剛好看到舉重女神郭婞淳在女子五十九公斤量級舉重決賽，穩定發揮拿下奧運金牌，成為中華隊本屆參賽第一面金牌，台灣選手連續四天都有獎牌進帳，累積一金二銀二銅。

東奧開幕後第一個休假日，用最喜歡的排球調適身心靈，接下來要繼續專注中華隊採訪行程，也期待台灣選手能繼續爭金奪銀。

郭婞淳在舉重女子五十九公斤級勇奪中華隊東奧首金。

TOKYO2020
Panasonic
SAMSUNG
DOW
NEC
日本生命
Atos
TOKYO 2020

6 DAYS

2021
7.28

2021.7.28

最好笑的，
就是自己見笑起生氣！

度過前一天開心的「排球休假日」，今天開始要連續兩天前往羽球場館，採訪中華隊選手。

中華隊兩位男子單打選手，周天成和王子維，今天都要進行小組預賽最後一戰，賽程剛好在中午，同一時間在相鄰的場地進行，我和雄哥早上有比較充裕的時間，搭乘接駁車前往武藏野之森羽球館。

在接駁車上放空沿途看風景的時候，手機突然收到一個東奧「籃球館」經理傳來的信。

我心想我最近都沒有去籃球館呀？怎麼會有籃球館經理寄信給我，我打開信件後心中一沉，籃球館經理表示來自台灣的聯合採訪團，有兩位「Gentleman」紳士，沒有申請場館，就進到籃球場觀戰被經理查證件查到，因此籃球館經理寄信給台灣聯合採訪團組長。通知我必須要按照「東奧規定」來提出場館進入以及採訪的許可，這封信是一個善意提醒也是一個口頭警告，如果下次再發生類似情況，就會影響台灣聯訪團申請場館時的權利。

隨信也附上了那兩位「Gentleman」的英文名字和證件ID，我一看發現是友台的兩位同伴，當下我第一時間是有點生氣的，不管是出發前還是抵達後，我都千叮嚀萬交代，最基本的採訪規則，不要挑戰東奧方的底線，因為影響到的是整個聯訪團的權利權益，東奧方不會看你是台灣的哪家電視台，他只會認台灣聯訪團！

因為當初我們就是以「Taiwan ELTA」台灣愛爾達為單位，向東奧方申請所有的採訪程序，包括友台單位都是歸屬在「Taiwan ELTA」之下，我可以接受自己被罵，但不接受影響到整團組員的共同採訪權利。

原本當下很想直接去質問那兩位被籃球館抓到的夥伴到底在幹嘛，但思考了一下後，我用比較平緩的口吻問了當事人情況如何，並且跟他們提醒，就算是休假日要去看比賽，也是要按照正常的申請程序，甚至我還問兩位夥伴，籃球賽有沒有看到最後。

有看完、沒有被經理提出去，那這樣就皆大歡喜，這件事情就我們三個人知道就好，後續再多加注意即可。

我想這樣處理，應該給足兩位聯訪團夥伴面子、裡子了，沒有公開在群組上質問或生氣，也給兩位夥伴台階下，心想這件事情就先這樣吧。

中午抵達羽球館，距離周天成和王子維的比賽只剩大概半小時不到就要開打，我和雄哥有前幾天在羽球館的經驗後，很快就做好分工，一樣雄哥先在樓上拍攝區拍攝中華隊畫面，我則是到一樓的採訪區等待賽後選手過來，同時架設好採訪器材。

結果周天成和王子維還真的是默契好兄弟，兩個人同一時間出賽、同樣打滿三局、同樣都是好結果局數二比一驚險勝出，闖進淘汰賽階段。

周天成由於是大會第二種子，靠著長籤直闖八強，王子維則是拿下小組第

羽球王子維順利拿下分組第一，晉級十六強淘汰賽。

一晉級十六強淘汰賽。

賽後周天成率先來到採訪區，小天聊到對於比賽場館場地越來越適應，加上沒有觀眾，所以包括我和雄哥的加油聲，他都聽得很清楚，也很開心看到團本部的長官來到球場幫他加油，接下來會有兩天輪空期，讓身體好好地恢復和調整，備戰八強關鍵戰役。

周天成表情真的有些疲憊，不過過程中還是相當有耐心的陪我們聊天，分享比賽細節、心情。

遠遠的看到王子維不斷摸著自己的後腦，他剛剛在比賽中一個救球導致後腦撞到地板，還一度申請醫療暫停，所幸最後還是有驚無險拿下比賽勝利。

我記得四月份去左營國訓中心採訪王子維，就覺得這年輕人很「真」，喜怒哀樂都直接表現在臉上還有言談中，他跟李洋、王齊麟是國中同學，三個人一直以來不論是BWF巡迴賽還是國際賽，都常常膩在一起，我都開玩笑說他們是「羽球三活寶」，因為給人的感覺都是很真很單純。

大部分的選手對於身體狀況，尤其傷勢都會講得比較保守，或是不願意多談細節，不過王子維受訪時直接說：「我覺得很痛，從來沒有在比賽中撞到後腦這麼痛的……」我採訪當下都覺得「哇塞！都這麼直接了當的嗎！」

王子維後續補充說，當下真的很痛，但在醫療暫停時，他也告訴自己因為痛所以要更加專注，每一分每一球都要穩穩地發揮，趕快把比賽結束才能趕快進行後續治療，總之贏球治百病，今天先打下來，後續趕快去找中華隊隊醫協助治療就好。

訪問完兩位中華隊男子選手，也是這天開始，我們發現羽球館經理海倫

（Helen）慢慢對我和雄哥的態度開始轉變，他發現我們和選手關係非常融洽，也都完全遵守羽球館的規矩，也會禮讓其他國家的媒體同業，讓海倫對我們的態度變得比較和善。

訪問完還主動來跟我們聊個幾句，同時也說有任何採訪需求都可以跟她說，她會想辦法安排協調。

整個下午都在羽球館，全力趕製中華隊兩位男單選手獲勝晉級的新聞，傍晚結束工作搭上接駁車準備回飯店，心想今天這樣也還不錯，採訪的中華隊選手順利獲勝，也可以比較準時下班回去休息。

沒想到意外又來了，我打開聯訪團的Line群組，發現另外兩家友台的夥伴們，開始對於我的「採訪任務分派」有許多的意見，不論是工時、項目、場館地點，都有許多的意見，我看了真的又是心灰意冷，難道跑奧運還有錢多事少離飯店近的嗎？整個火氣又冒上來，我直接在群組回覆。

「既然大家對於我的安排有這麼多不滿，今天晚上開視訊會議，請邀請各單位主管一起來視訊會議中詳談，由主管來磋商協調。」

我也趕快打電話給我的主管（陳欣宏）說明，我很開心地一點是，欣宏哥聽到所有狀況後，二話不說就說一定會挺我，晚上也會上線協助我擋砲火。

來到晚上開視訊會議的時間，結果當聯訪團成員都上線後，其他兩家友台的主管都沒出現，理由都是還在忙工作。

我不想去揣測友台的立場或工作細節，但當大家都有這麼多意見的時候，我年輕人沒辦法解決，請我主管出面，由高層來面對面協調，你們又不出面，這樣是看我好欺負嗎？

沒關係，既然你們主管不願意出面，那我就先按照這幾天的模式，邀請大家同步看線上採訪任務分派表。

從抵達東京的第一晚，我每天都會召開任務分派線上會議，我會先把未來四到五天的採訪任務先做基本分派，每天開線上會議時都會先請聯訪團夥伴們看一下自己未來幾天的任務，同時也會詢問大家這樣安排是否妥當。

整個會議我至少都會問二到三次，以確保大家都清楚知道自己的任務，有意見或有難處我都歡迎大家提出討論。

結果今天我講解詢問各個夥伴未來幾天的任務，大家又都惦惦不出聲，那在群組上的意見是？

當我講解完後，欣宏哥主動說：「現在開始各個夥伴有什麼意見，都可以暢所欲言，對於任務分派有什麼不滿都可以跟他說，由他來跟大家解釋說明。」

沉默的幾秒，有位資深的大姐率先說了。

「我覺得這樣的任務分派，會造成我們工時過長，像我待在桌球館，一整天下來中華隊有早中晚場賽事要顧，這樣一整天都在桌球館會超出工時。」

大姐在台灣並不是主跑體育線的。

「首先桌球比賽，雖然有早中晚場，但我們沒有要求一整天全部比賽都要顧，中華隊同一位選手，可能一天會有兩場比賽要打，其實可以跑第二場即可，這樣既會有勝負輸贏的結果，也可以專心鎖定第二場賽事後續的晉級狀態，選手也會比較心情放鬆受訪。」欣宏哥回覆該名大姐。

我心中三條線，我安排任務從來就沒有註明要從早待到晚，工時過長難道只有妳有這種狀況嗎？那我從第一天到現在，哪天不是工時過長，我在飯店幫大家確認場館申請狀態，寫英文信跟電通、東奧官方來回，這算不算工時呢？要比較工時，我稱第二，應該沒人敢稱第一啦。

但小俗辣如我，這些不爽只敢放在心中，我沒有在線上會議說出來。

「我們可能沒有像愛爾達主跑體育，所以對於選手教練和項目比較沒有那麼熟悉，不過還是希望可以多跑一些其他項目，結果分派一連兩三天都排我去同一個比賽，這樣是否有點不公平。」另一家夥伴提出疑問。

「在第二批聯訪團、最後三組人也來到東京的第一個晚上，我當時問大家對於任務分派的想法，結果有夥伴提出因為對於選手和項目不熟，希望可以連續去同樣場館比賽採訪，以利更快進入採訪狀況，這不是一開始你們的想法嗎？現在排連續同樣場館採訪，怎麼又變成是我分派不夠多元呢？」我滿臉問號，多元也不好、固定場館也不好……

「接下來一直到奧運結束的任務分派，當楚育排好後，都會給我看過，並且由我這邊來跟各單位主管協調，也請各位能尊重一下我們聯訪團組長，他已經盡力在滿足大家的需求了，他也從來沒有拒絕你們不滿或意見，都是公開可以討論有彈性的，請大家還是要有什麼不滿直接來找我沒關係。」欣宏哥說道。

結果空氣突然安靜，其他兩家友台夥伴腦中應該正在高速風暴式運轉，想要怎麼反駁，要怎麼繼續戰。

「我可以說些話嗎？」我都快忘記長勳也在會議中，他突然舉手想發言。「我覺得聯訪團組長是一個屎缺，沒有人可以做到完美，不管怎麼排，大家一定都會有意見，但我覺得楚育每天都有在詢問大家，也不斷要幫大家調整最有效率的任務分派，他還要去跟電通、東奧官方申請有的沒的，這是大家沒有看到的，同時他也還有自己的新聞要採訪製作，我覺得大家真的應該要給楚育掌聲才對。聯訪團組長換成誰來做，都不是簡單的事情，但他從東奧前到現在，想的都是盡量讓團隊都能採訪到中華隊奪牌，都能在東京採訪的順利。」長勳認真的跟聯訪團大家說明。

我當下眼淚已經在眼眶打轉了，我沒想到欣宏哥跟長勳都這麼力挺我，回想幾個月前，還跟長勳，因為東奧的專題工作吵架，但也還好是在出發前吵架，讓我們更加了解彼此的默契和工作習慣，這時候長勳義無反顧跳出來幫腔，我覺得這就是愛爾達凝聚力的展現。

長勳說完會議室又沉默了。

過了一會兒，當我以為會議可以順利結束，其他兩家聯訪團夥伴也情緒發洩完畢，應該可以起到安撫的效果，讓接下來幾天大家應該可以冷靜一點工作的時候，早上去籃球館看比賽而未申請的夥伴居然跳出來自爆。

「我這邊還是想提一下，我覺得我們聯訪團的資訊應該要公開透明，為什麼休假去看比賽要申請場館許可這件事，我們都不知道呢？」這位夥伴還真的勇氣十足。

早上發生後我已經要幫忙你壓下來，我甚至沒讓我主管還有愛爾達高層知道這件事，結果你大哥現在自己出來要自爆，那就不要怪我無情了。

「在東京奧運從三月開始發給國際媒體的採訪手冊中，不論是第一版還是六月底最新版，裡面的手冊都寫得非常清楚明白，由於疫情關係，媒體進入場館就是要提出申請，這是手冊裡面寫得清清楚楚，採訪手冊不是只有愛爾達有，大家都有，這是公開的資訊和規則呀？再來我們平常工作進出東奧場館都要申請，怎麼可能休假進出場館就不用申請呢？一樣在手冊上就有寫明，只要進出場館，不論是坐媒體保留席、攝影區域、採訪區都必須在申請表格上寫明提交，怎麼你偷偷去看籃球，被場館人員抓到，好像變成我的責任一樣。」我已經盡力壓抑心中的怒火，用平靜的口吻，跟腦袋轉不太過來的友台夥伴解釋。

結果出乎意料，另外一家媒體的資深大姐選擇跳出來護航同業。

「不是，楚育你要想，我們每天工作這麼忙碌，手冊有時候沒有看仔細，難免會遺漏……」大姐講這句也是很敢。

「那我就工作不忙嗎？出發前我在群組上更新資訊，也是你們跟我說都有看、都有注意，現在也不是我不讓你們去看球啊！是籃球館經理抓到寄信給我，還強調說明如果再犯會影響整個、是整個聯團的權益耶！如果按照我們出發前大家都有簽署的『聯訪團成員守則』，我是可以提報給我們公司高層、東奧官方懲處當事人的耶！我早上不是都要大事化小了，現在拿出來要質疑我，這說不過去吧！」我有點生氣地回覆。

這種感覺就很像坐在你旁邊的同學考試考零分，結果還嗆你考一百分，怎麼沒跟他說要看書，考試的時候也沒借他看答案一樣，真的傻眼真的誇張。

我腦中不斷思考，怎麼他們可以講出這種完全無理的話，我都已經要幫忙壓下來，替你著想了，結果又搞這齣。

「最好笑的，就是自己見笑起生氣！」我當時突然想到這句。

欣宏哥眼看會議又降到冰點，趕快出來打圓場。

「沒關係，這件事情就當一個突發狀況，過去就過去了，這樣接下來大家就知道要怎麼去申請場館了，大家互相提醒就好了，沒事的。」我知道欣宏哥要打圓場，沒有繼續趕盡殺絕。

就這樣結束各懷鬼胎的聯訪團線上會議，我整個情緒還是很憤怒和複雜，我私訊長勳，問他在不在自己房間，我帶了兩瓶啤酒去找他聊聊，這也是我第一次違反東奧防疫規定，東奧規定媒體防疫飯店一人一室，不能串門子或群聚。

但我真的太生氣了，違反規定也要找同伴抒發一下。

長勳出差還要帶玩偶娃娃陪睡，這是我進他房間第一個看到的，因為我差點一屁股坐爆那隻娃娃。

長勳分享他也無法接受聯訪團其他夥伴的說法，但礙於還有一半的日子要合作，這時候完全撕破臉也不是好事，但他也想幫我說些話，不然一直被欺負感覺很不開心。

我跟長勳坦言，我知道聯訪團所有成員，包括我們愛爾達，都會去「算」中華隊奪牌機率，聯訪團都想去跑金牌，都想去跑熱門項目。

我已經把奪牌率高的項目分配得很平均了，像是比賽前段的射箭，就分給聯訪團A電視台，舉重郭婞淳就分給聯訪團B電視台。

依照我的「預測計算」，射箭和舉重都是奪牌率超過八成的項目，純粹就是看獎牌的顏色，分配給其他兩家友台，也是想新聞台的夥伴有甜頭吃，這樣合作起來或許會比較順暢。

我和長勳到現在，奧運賽程接近一半，都還沒有跑到任何奪牌項目，因為我本來就想主跑羽球、拳擊，也把競技體操分配給長勳，這些選手教練都是我們追蹤報導許久，包括其他項目也是一樣，都是我們從奧運開始前一兩年，就不斷記錄報導的運動選手。

我跟長勳說，如果可以，我寧願我們自己愛爾達兩組、四個人辛苦一點，自己去採訪所有中華隊選手，也不要跟其他電視台合作，因為過往經驗告訴我們，一定都是各懷鬼胎，合作的框架下更多的是利益計算和人性的自私。

長勳聽完我的想法，回覆我說他也有同感，與其和別人合作被嫌棄又被欺負，不如我們自己把最難最辛苦的任務都自己吃下，不用看別人臉色，工作起來心情也比較開心。

在長勳房間聊了快半小時，說實在話我的心情還是非常生氣，真的是喝悶酒！我覺得這樣不行，於是我再度違反東奧的防疫規定，趁著一樓大廳防疫安全人員沒注意的空檔，一個閃身溜出去散步。

東京深夜的街頭，由於疫情影響，行人稀稀落落，跟印象中的燈火通明不太一樣，加上當時餐廳晚上八點後都有禁售、禁飲酒令，也連帶許多餐廳都沒開。

我以飯店為中心，慢慢繞了一圈，心中不斷消化大家的不滿和我自己的情緒，我知道今晚會議過後，絕對不可能會一路和平共存，聯訪團其他夥伴只會變本加厲，甚至等待我出錯失誤的時候，抓準機會猛打。

雖然我一直以來的採訪原則，就是「不與人爭，管好自身」但當別人都處心積慮地想找我麻煩的時候，我也不能示弱了，趁著散步消化情緒的時候，也沙盤推演一下接下來幾天的任務分派，還有最重要的，就是如何去見招拆招聯訪團不斷拋出來的情緒和難題。

2021
7.29

東京奧運

7 DAYS

2021.7.29

笑到最後的，才是贏家

經過前一晚聯訪團成員間的暗潮洶湧，我在前往羽球館採訪的路上，跟雄哥分享昨天的「戰況」。

雄哥說他跑過這麼多屆亞運奧運，還沒有看過哪一屆的聯合採訪團，能夠合作愉快到賽會結束的，這屆能撐到一半已經算不錯了。

結果雄哥才剛講完，聯訪團的群組又彈出一個落落長的訊息，某位夥伴經過昨天的會議後，對於我以及愛爾達的任務分派還是相當不滿，覺得我們過度「強勢」，不夠尊重聯訪團的其他成員，甚至直接點名我分派不公，不夠彈性！

人類團體就是這樣，當有一個人選擇開槍，後續就會引發海嘯效應。

聯訪團成員看到有人帶風向，馬上就有第二位成員接著說，但還是圍繞在愛爾達資訊不對等，沒有公開給聯訪團所有成員知道怎樣的，依舊不承認自己去籃球館被抓一事是他的錯。

我看到後真的氣到發抖，我把手機拿給雄哥看，雄哥看完後嘆氣說。

「先不用回覆他們，就讓他們生氣。我們都還有自己的工作要做，沒必要因為這樣被拖入負面的情緒漩渦中，這樣就正中對方的下懷了。先把今天新聞工作處理好，後續再想想怎麼樣來處理這些瑣事。」雄哥說明要以不變應萬變。

不誇張，我進入職場將近十年，還沒有一次因為工作的事情，氣到全身忍不住地發抖，甚至心臟氣到很不舒服，整個人真的很想大吼大叫大罵髒話。

到底我欠你們什麼？從聯訪團成立後，每個月開會和收到的新資訊，我哪一次沒有提醒各位要注意哪些事項，小到交通接駁住宿出入境細節，大到場館申請賽程安排，哪一次沒有公開透明的跟大家討論？

在東奧期間每天線上會議，我每天都在問大家，對於接下來的任務分派有沒有問題，需不需要調整。

現在還在不斷針對「分派不公、工時過長」這種事情要來追打我，我實在很想問，那你們到底想要採訪什麼？是不是都要去離飯店只有十分鐘車程的場館和比賽呢？然後我們就活該應該要去最遠的羽球、自由車？

當我要排愛爾達以外的聯訪團成員去一些所謂的「冷門」中華隊的時候，總是看到你們一副「去那個幹嘛！反正又不會奪牌」的表情。

我的心中只能不斷壓抑，反正你們不願意、不想去的，就我自己出馬，該讓你們採訪到獎牌的，我也都給你們了，我真的不懂，到底說我分派不公是要幹嘛。

我不會吵架也不擅長吵架，所以生氣其他人怎麼可以把無理的事情，說得振振有詞，我也氣自己為什麼要淌聯訪團組長這個渾水。

抵達羽球館後，中華隊賽程因為前面比賽打太久，延遲都要超過一個小時才會上場，我怎樣都無法調整好最佳的工作狀態，還是很生氣，還是很委屈。

於是我忍不住打給同樣有前來東京，坐鎮指揮的愛爾達副總 Winnie，我把這幾天聯訪團的狀況，一股腦兒地跟她說，講到激動處眼淚不爭氣的一直跑出來。

東奧聯訪團組長難為，似乎怎麼做都會面臨責難。（照片來源：俁子旅攝）。

副總聽完來龍去脈後，安慰我不用把情緒往心裡去，至少到目前為止聯訪團包括兩家友台夥伴，大家一起打出來的成績是好的，這是聯訪團組長的功勞，她和執行長 Sally 都有看在眼裡，也高度肯定我在東奧前前後後的積極態度。

最後 Winnie 說，她會力挺我，會幫忙去跟友台高層談一下，同時也跟我說接下來的調度不用這麼客氣，該屬於愛爾達去的項目，不用再讓給別人，一切的分派都由我說了算。

Winnie 副總跟我聊了超過十分鐘，她也不斷說我只需要專注做好眼前的事情，拋開負面情緒，其他事情等奧運結束後，就會雲淡風輕了。

跟副總通完話，我的心情好了一些，但這幾天累積下來的情緒，真的一時之間難以回復，我想了想決定傳訊息給老闆 Sally，一方面也希望老闆的態度跟副總 Winnie 一樣，可以成為我的靠山。

沒想到我傳訊息給老闆不到半小時，老闆就火速回覆了！

「楚育，我都有看到你在東奧期間的用心和認真，我相信你所有的決定安排，接下來你就代表愛爾達，由你說了算，我都支持，不用讓愛爾達聯訪團吃虧。」Sally 簡短幾句回覆，讓想討拍的我回血一半。

我又找了一個安靜的角落默默掉淚，默默整理自己的情緒，然後我以為我找的位置很隱密，結果轉角就是場館工作人員的一個休息小房間，裡面坐了三個人。

「大丈夫ですか?」（你還好嗎？）其中一個工作人員看到我紅紅的眼眶問我。

「ありがとう，大丈夫です。」（謝謝，我沒問題。）我害羞地回應，然後

王子維受訪一向幽默風趣，連場地經理也好奇。
（照片提供：郭雅雄）

快速離開現場。

回到上層看台的採訪區，剛好男單中華隊選手王子維對上丹麥一哥安賽龍（Viktor Axelen）的十六強賽事開打，王子維力拚全場還是沒辦法打贏球王，最終在奧運初體驗十六強遭到淘汰。

原本以為王子維賽後情緒會很失落，但沒想到看到我和雄哥，馬上對我們做鬼臉俏皮說了一句「哭哭」，隨後話匣子一打開完全停不了，尤其比賽最後一分他都打到跌坐在地上，試圖回擊還是沒辦法擋住安賽龍拿下賽末點。

所以王子維受訪的時候，唱作俱佳地敘述他的最後一分，把賽末點那球形容得既可愛又俏皮，完全沒有輸球的失落感，更多的是對於自己技術不足，期待繼續進化的衝勁。

這也是王子維的一大特色，用幽默的方式來面對敗仗，用活潑的態度來重新站起。

奧運官方其實有規定，賽後訪問要控制在三分鐘左右結束，尤其羽球館經理海倫和吉沙出了名的嚴格，前幾天採訪一旦超過時限，就會瞄到兩位經理面露不耐，採訪完後也會提醒媒體記者要注意規定時間。

但王子維實在聊得太熱絡，我當下也沒有注意到時間，少說應該也採訪快五分鐘了，不過海倫在旁邊聽得好像也津津有味，完全沒有要催促我們的意思。結束王子維的訪問後，他還意猶未盡不斷跟我和雄哥聊天，直到吉沙提醒他後面還有其他平面、網路媒體想要採訪他，才把他帶去另外的採訪區。

我在整理器材時，海倫看著我慢慢走近，我想說完蛋了，一定又要被罵了，結果海倫非但沒有罵我們，還很好奇到底我們跟王子維在聊什麼，怎麼好像是他贏球一樣，海倫還一直確認比賽結果到底誰贏。

我跟海倫解釋，王子維在說明最後一球滑倒，讓他覺得很可惜，還有在比賽過程中王子維的一些心情起伏，以及接下來會怎樣調整心情再出發等等。

海倫一臉不可置信的說，原來台灣球員都這麼親切沒有距離的，跟我們好像好朋友在閒話家常一樣。

我趁機跟海倫介紹一下愛爾達在台灣就是 BWF 世界羽球巡迴賽的獨家轉播電視台，所以都有長期追蹤台灣以及各國羽球選手的動態，當然重點還是我們尊重選手，選手也樂於跟我們分享。

王子維落敗，不過同一天男雙「麟洋配」，卻以直落二擊敗日本第一男雙遠藤大由／渡邊勇大，闖進到男雙前四強，成為國內第一組勇闖奧運雙打四強的選手。

賽後訪問麟洋配一改前幾天輸球的低潮，還不等我們開口，就侃侃而談整個比賽過程還有緊張感，在確定獲勝之後，他們也沒忘了跟可敬的對手致意，展現十足的運動家風範，麟洋配終於打出他們賽前就設定好的「態度羽球」。

「麟洋配」越戰越勇，默契和狀態都來到巔峰。

「麟洋配」賽後暢談比賽感想。（照片提供：郭雅雄）

麟洋配訪問完畢，海倫又靠了過來，他現在好像變成中華隊的粉絲一樣，不斷跟我打聽麟洋配又說了什麼，也恭喜我們離頒獎台更靠近一步。

麟洋配和王子維，真的是這次東奧採訪，我最喜歡訪問的中華隊選手之一，他們三個人是那種，可以二十四小時都膩在一起，也不會無聊的真朋友，甚至把 PS5 都帶到東奧選手村來打，卻發現飯店電視太老舊，沒有 HDMI 插孔！

聽他們鬥嘴、互虧真的很有趣也很有愛。今天「麟洋配」直落二打贏日本第一男雙，賽後依舊不改活寶功力，不斷聊著李洋的飛撲，哪一個是真的痛，哪一個是假的痛。

在場邊觀戰的王子維，後來跟我們聊天時談到他的好同學好室友，王子維居然開始模仿李洋，並且說。

「看到他們創下歷史，真的很開心，我還記得出發東京之前，李洋還一直強調他是乙組出來的，還跟我說：『你相信嗎！八年前我還在想要不要繼續打球，現在居然要去打奧運耶。』」子維不斷模仿李洋講話的腔調，讓現場爆笑連連。

趕快做完羽球新聞，回程路上我也跟主管欣宏哥回報早上聯訪團其他夥伴的反映情況，我說我實在沒辦法承受這樣的壓力。

欣宏哥在關鍵時刻還是很可靠的，他說接下來的任務安排還有線上會議，只要有空他都會參與主持，只要我把任務分配好給他過目，接下來就由他來跟聯訪團成員佈達，其他人有什麼不滿都由他來處理，一切以愛爾達的指令為主。

晚上線上會議後，我和幾個好朋友用視訊聊天，幹譙一下這幾天的委屈，也線上跟好朋友乾一杯。

每個人都有情緒，我也有！但我覺得不管怎樣都不應該把情緒隨便發洩在別人身上，我寧願自己喝悶酒，也不要去影響別人的工作。

深夜躺在床上，想起這幾天一位好朋友跟我鼓勵的話。

「笑到最後的才是贏家。」

我想接下來不管怎樣，每一天結束的時候，我都要用微笑當作每天的句點。

TOKYO 2020
TOKYO 2020
PARALYMPIC GAMES

東京奧運

8 DAYS

2021
7.30

2021.7.30

有真心相挺的隊友，是一件幸福的事情

這幾天情緒都處在和聯訪團其他成員「諜對諜」的情況，身心俱疲。

從六月開始密切和日本電通以及東奧官方聯繫往來，一直到奧運賽程進行快一半，我擔任聯訪團組長、防疫聯絡官，我可以很有自信的說，我都還沒有發生任何失誤，但一直到今天，代誌大條了。

前面有簡單介紹「聯合採訪團」組長工作，最重要的就是幫聯合採訪團成員填寫、申請每日的東奧場館採訪許可。

我每天晚上都會在線上會議中，確認每個聯訪團成員未來二到三天的行程任務，以利提前向日本電通、東奧官方提出正式申請。

基本上奧運賽程第一週，重點都集中在中華隊選手和比賽，每天我都會不斷反覆確認中華隊的賽程以及出賽選手，確保每位中華隊選手都盡量能採訪到。

在第一週的賽程，我可以拍胸脯保證，從來沒有漏掉中華隊的新聞，直到今天早上，我赫然發現，完蛋！我漏看桌球「小林同學」林昀儒的賽程了，還這麼剛好這天是林昀儒的男單銅牌戰！

這麼重要的賽程我居然漏看，真的眼瞎！也只能怪自己，前兩天情緒確實受到影響，真的發生失誤。

我想了想只能厚著臉皮，打電話給日本電通的 Azusa 詢問有沒有可能申請臨時採訪許可，想當然爾當然碰了軟釘子。

我自己今天的採訪任務，是前往拳擊比賽場地採訪兩位拳擊選手，陳念琴以及吳詩儀，而林昀儒的桌球銅牌戰是晚上賽程。

我跟雄哥坦承我的失誤，雄哥也馬上幫我想辦法，說不如就用攻略其他場館經理的方式，直接跟桌球館經理聯繫看看，問問是否能通融一下讓我們進去採訪。

我馬上用 whats app 聯繫桌球館經理，但桌球館經理並沒有回覆我。

剛好在這個時候，我突然想到長勳那組今天剛好是休假日，他們下午去媒體中心製作一些奧運花絮話題新聞，於是我跟長勳說，能否請他晚上去桌球館碰碰運氣，因為當初桌球隊選手的東奧點將錄，就是他製作的，跟桌球隊選手比較熟，也有聯絡方式。

我跟長勳說，請他去桌球館試試看能否拍攝採訪，如果能拍攝採訪當然最好，如果不行的話，最差的情況就是在比賽後用視訊的方式來採訪林昀儒。

長勳想都沒想，一口答應這個艱鉅的任務，我也跟他承認這是我的疏忽。

「別想太多啦！一切包在我身上，我一定會順利完成任務的，放心。」長勳一口答應晚上勇闖桌球館大冒險。

雖然常常覺得長勳不可靠，但這一刻他真的是神隊友，也真的令人放心！

我相信不管用什麼方式，他都會順利完成任務，彌補我的失誤。

下午在拳擊場，陳念琴和吳詩儀分別在八強戰和十六強戰敗下陣來，兩位女拳擊手都在賽後留下不甘心的淚水，陳念琴也首度在鏡頭前透露，她在奧運前就罹患何杰金氏淋巴癌，她一直隱忍這個消息，希望在東奧後再公布！

陳念琴在八強戰敗下陣來後，跪在擂台上親吻擂台的畫面，真的令人動容，賽後坦言身體狀況困擾許久，但為了奧運夢想，都隱瞞病況，為了就是不要讓親朋好友還有支持他的拳迷擔心，更不希望用癌症做為落敗的藉口。

技不如人可以再練，拳擊手最值得尊敬的精神，就是被打敗了永遠都會再次抬頭迎接下一次上擂台的機會。

陳念琴受訪的當下，我覺得她已經把奧運精神展現出來了，不論有沒有打贏，對我來說她都是冠軍。

緊接著吳詩儀也在十六強敗下陣來，賽後來到受訪區，我提到一直都很關心她的家人，都在家裡開的麵店，透過轉播關心女兒的戰況。

「我有聽到家人跟我說，如果打進四強就要免費請大家吃麵，抱歉這個局要等下一次比賽了。」吳詩儀講完也淚崩。

吳詩儀的家人一開始並不支持她從事拳擊運動，一直到吳詩儀慢慢在國內

吳詩儀奧運初體驗，止步十六強。

外打出成績，家人的態度也由反對轉變成默默支持，甚至會偷偷去看比賽，或是有意無意地跟左鄰右舍、親朋好友宣傳女兒即將出國比賽，用他們溫暖的默契，全力支持女兒追逐拳擊夢想。

而且吳詩儀在東奧前夕，其實右手也受了大傷，整個奧運期間幾乎都只能用左手來迎戰強敵，能夠打進十六強，已經超乎預期發揮，也讓吳詩儀更加確定未來自己要如何強化，努力在二〇二四再次站回這個夢想擂台。

陳念琴和吳詩儀落敗後流下不甘心的淚水，但我從他們的眼中，看到身為拳擊手的自尊和不服輸，我知道這兩位台灣女拳王還有林郁婷，都會再用自己的方式，繼續磨練雙拳，再戰國際賽，挑戰奧運殿堂。

在拳擊館的媒體工作區，帶著些許失落心情趕快把兩位拳擊女將的採訪新聞傳回台灣，隨後我的心還是忐忑不安，掛念著桌球場館的狀況是否順利。

我結束拳擊場館的新聞工作，回到飯店等長勳的消息回報，我知道沒有消息就代表好消息，但還是忍不住在傍晚傳訊息給長勳，看看一切是否順利。

出乎意料的是，長勳回覆：「不只順利，場館經理非常友善也非常幫忙，包括攝影區和採訪區都有安排上，新聞絕對可以順利產出。」

我看到長勳的訊息，終於放下心中的大石頭，我想「有真心相挺的隊友，是一件幸福的事情。」

唯一美中不足的是，林昀儒單打銅牌戰和德國名將奧洽洛夫（Dimitrij Ovtcharov）激戰七局敗下陣來，無緣幫中華隊進帳獎牌，但林昀儒這次在東奧桌球大放異彩，和學姊鄭怡靜一起摘下混雙銅牌，創下台灣桌球歷史新頁，要知道中華隊上一次在奧運桌球項目奪牌，是二〇〇〇年雪梨奧運，由中國轉籍台灣的陳靜拿下單打銅牌，陳靜也在二〇〇一年退役後，返回廣東開設桌球館。

林昀儒和鄭怡靜是史上第一對、土生土長台灣選手，在奧運拿下桌球項目獎牌的組合。

長勳在忙完林昀儒銅牌戰的新聞後，回電給我回報情況，他說抵達桌球館後，非常客氣的和場館經理說明來意，也獲得場館經理善意回應，安排好所有細節，讓工作都能順利進行。

我是個無神論者，卻相信無形中一定有科學無法解釋的力量，會影響每個人的運勢，或許累積好幾個月下來的陰德，在今天也感動奧運之神。

天助自助人助，能夠順利完成奧運任務，無愧於工作和公司，我所受到的委屈真的都不算什麼。

神隊友李長勳，在東奧期間多次扮演工作「救火隊」！

東京奧運

9 DAYS

2021

7.31

2021.7.31

親眼見證中華奧會會旗升起，真的會感動落淚

從今天開始連續兩天，肯定會是我自己在東奧期間最重要也最疲憊的兩天。

七月三十一日羽球館是中華隊的天下，男單周天成的八強賽打頭陣，晚上還有戴資穎的四強戰以及麟洋配的金牌戰。

一天要出三條羽球新聞，還要跟時間賽跑，堪稱是來到東奧工作壓力最大的一天。

周天成關鍵八強戰對上中國名將諶龍，雙方賽前一共交手過九次，小天零勝九敗！

對戰數據對周天成極為不利，但比賽不打不知道，第一局諶龍早早進入狀況，加上攻防都非常穩定，率先以二十一比十四先下一局。

第二局周天成退無可退，放開壓力的

情況下反而收到很好的效果，幾次起跳扣殺得手大大振奮自己的信心士氣，小天第二局反倒以二十一比九壓倒性拿下第二局，雙方前兩局打完戰成一比一平手。

我在現場看前兩局的戰況，可以說兩位選手各有特色，諶龍抗壓力和關鍵球處理較好，周天成爆發力和戰術多變，加上第二局打得順風順水，或許生涯對上諶龍的止敗之戰就在今天。

第三局前段雙方你來我往，不過諶龍在第三局中段連續得分，一波流帶走比賽勝利，最終這場八強戰打了超過七十分鐘，周天成局數一比二不敵諶龍，生涯第二度的奧運之旅止步八強。

賽後小天受訪時難掩失落和疲倦，但還是打起精神肯定對手的發揮，同時也談到不管比賽結果如何，他都坦然接受，直言這或許是最好的安排，接下來會簡單休息一下，下半年繼續拚戰國際賽場，羽球生涯還遠遠沒有到終點！肯定會繼續打下去。

四月份我前往左營國家訓練中心採訪周天成的時候，他非常的客氣友善，還特別拿了兩瓶飲料給我和雄哥，並且休息時都會跑來跟我們聊天，展現親民的一面，訪問的問題也是有問必答，雖然表情看起來都酷酷的，但內心其實相當熱情友好，能夠連續兩屆都打進奧運前八強，證明周天成有一定的實力能繼續站在國際頂尖賽場。

聽到小天強調他會繼續打下去時，我也想到一句話「Age is just a number.」（年紀只是一個數字）。周天成本來就屬於大器晚成的選手，拋開年紀的刻板印象，或許下一屆巴黎奧運，周天成還是有機會三度參戰，挑戰頒獎台。如果真的能美夢成真，也將會是台灣羽球相當勵志的典範。

小天看完緊接著小戴四強戰也登場，戴資穎對手是印度好姊妹辛度（Pusarla Sindhu），雙方生涯一共交手過十八場，小戴拿下十三勝五敗，奧運四強對決前還處在對戰三連勝的狀態，辛度前一次打贏小戴，已經是二〇一九年八月世錦賽的事情了，相當於接近兩年對決中，戴資穎都能取得上風。

周天成一貫的打球風格就是拚盡全力，也是近十年台灣最強的男單選手。

戴資穎的打法風格屬於技巧派，非常吃當天的手感和臨場狀況，小戴在準決賽之前，每場比賽的狀態越調越好，在對上依瑟儂（Ratchanok Intanon）的八強戰，幾次超誇張的救球也成為本屆東奧羽球經典美技。因此四強戰只要穩穩發揮，想要闖過辛度這關，勝算非常高。

第一局雙方比數一路緊咬，看得出來小戴在打法上偏向保守，穩扎穩打的策略和辛度鏖戰。一直到第一局後段，戴資穎終於找到對球場和控制球的最佳手感，在拉鋸戰中笑到最後，以二十一比十八搶下第一局，取得聽牌優勢。

第二局戴資穎身手完全打開來，不論是後場的長球、殺球，還是網前的小球控制，再加上招牌的假動作，完全控制場上攻守節奏，第二局技術暫停後幾乎就全看小戴的表演，隨著分數一分一分地靠近賽末點，我在旁邊觀戰的情緒也緊繃到最高點。

賽末點戴資穎穩穩拿下，第二局以二十一比十二，整場比賽只花了四十分鐘就直落二打贏辛度，取得對戰四連勝，同時收下金牌戰門票，確保中華隊至少還會進帳一面獎牌！

戴資穎賽後總是妙語如珠，享受奧運大賽氛圍。

小戴賽後受訪，看得出心情應該是東奧打下來最好的一場，她坦言四強戰不論是手感還是狀態，再加上球運都是奧運發揮最好的一場。

我看小戴這麼開心，也順著氣氛問了她一個比較輕鬆的問題。

「小戴妳知道戴姐姐在愛爾達當羽球球評，聽說她看得很緊張，有沒有什麼話想跟姐姐說？」我問小戴。

「姐～妳很憋齁！希望今天沒有讓姐姐太緊張，我很努力，我明天還是會加油的。」小戴透過鏡頭跟戴姐姐放閃。

後來這段訪問，也成為整則新聞在 Youtube 重播觀看率最高的一段，同事和主管也高度肯定我的訪問。連小戴賽後也轉貼這段訪問到自己的 IG 限時動態，成為我 IG 限動有史以來最多人觀看的一則，也很多球迷觀眾紛紛私訊留言說我新聞很精采有趣。

這就是我身為體育記者，最有成就感的時候，我不需要什麼金牌……金牌啤酒可以，我只需要球迷觀眾的肯定，我的新聞都接受公評，可以批評指教，也可以肯定鼓掌，能夠繼續製作出好看的奧運新聞，一直都是我從抵達日本的第一天，就不斷提醒自己的使命。

戴資穎打出東奧最好的一場比賽，相信會增添她明天金牌戰的信心，也讓國人更加期待小戴在金牌戰的發揮。

七月三十一日武藏野之森羽球館，壓軸登場的就是男雙金牌戰，由台灣「麟洋配」大戰「中國雙塔」李俊慧、劉雨辰。雙方生涯還不曾有對戰的紀錄，第一次交鋒就要在奧運金牌戰一決高下。

由於是「兩岸大戰」，賽前看台上中華隊和中國隊的團本部和選手都到場分庭抗禮，我瞄了一眼看台也看到許多高官和大咖都到場觀戰。

麟洋配從東奧預賽第一場打印度組合，看到生涯第一次打奧運比賽的大男孩前所未有的緊張，再加上久沒比賽的生疏感，結果東奧的第一步就跌了一跤，王齊麟打完第一戰，回去飯店直接跟李洋說：「沒關係，我們巴黎奧運再來挑戰一次！」

麟洋配在東奧谷底反彈的關鍵戰役，就是小組賽把印尼「小黃人」Kevin/Marcus 給打掉，建立強大信心後，也讓麟洋開始意識到，或許真的不用多等一屆，東奧就是他們大鳴大放的時間點。

來到八強，麟洋配再把日本第一男雙直落二淘汰掉，比賽中看得出來兩個人戰術策略相當確實，把進攻火力都針對兼打混雙賽事，連續出賽的渡邊勇大，確實收到很好的效果，最後順利晉級。

四強戰對戰另外一組印尼名將「奶爸男雙」阿山阿萬 Ahsan / Setiawan，關鍵在第一局，我發現只要麟洋配第一局能順利拿下，或是咬住比數形成拉鋸戰，他們心中的不安定感就會一掃而空，加上兩位大男孩都很會打順風球，一旦領先就會越打越好越打越大力，第二局也會跟著順順發揮搶下勝利。

來到金牌戰我預測第一局就會形成比賽勝負分水嶺，我在心裡祈禱，不管怎樣一定要搶下第一局，只要贏了第一局，第二局「麟洋配」一定沒有問題。

第一局雙方你來我往，王齊麟在後排扮演火力輸出重砲轟炸，李洋則在前排負責做球調動對手，試圖掌握比賽主導權，時不時還上演不要命的飛撲救球，不放棄任何一個可以擊球的機會，戰況如賽前預期形成白熱化。

第一局後段麟洋配頂住壓力，終於以二十一比十八拿下，搶下關鍵第一局！

這下子我想贏面瞬間提升到七、八成，賽前我個人預期麟洋配要贏的機率大概四到五成。

第二局果然麟洋配火力全開，前段就拉出一波領先優勢，技術暫停後兩位好搭檔不斷提醒彼此，穩穩的、穩穩的。

得分可以高亢振臂，失分也沒有關係互相打氣，這個時候我看到麟洋配真的達到「雙拍合體，天下無敵」。

即便中國雙塔都是超過一百九十公分的靈活長人，卻怎樣都檔不住台灣男雙的進攻，還有永不放棄的防守拚勁。

默默的來到了賽末點……

再見壓線in！

真的贏了、真的是金牌！

王齊麟和李洋躺在場上形成招牌的「聖茭」，看台上也爆出滿滿的掌聲加尖叫，我在採訪區也忍不住又叫又跳，不斷跟海倫說：「Can you believe that！We beat China～yes yes.」（你相信嗎！我們打贏中國了，太棒了）

海倫回給我一個尷尬不失禮貌地微笑。

二〇二一年七月三十一日在日本武藏野之森體育館，台灣羽球男雙創下全新歷史新頁，成為史上第一組拿下羽球項目獎牌的中華隊選手，而且直接金牌真的很狂。

麟洋配自己形容他們是從「地獄爬出來的挑戰者」，結果根本不用等到巴黎奧運，生涯第一次打奧運就奪金，不可思議。

攤開來看這一次東奧，麟洋配面對的對手，有印尼前兩強雙打（我在採訪區第一次感受到印尼同業對我們的滿滿敵意與尊敬）、日本第一男雙、中國190雙塔，每一組都有機會衝擊奧運頒獎台，但是台灣男雙做到了，帶著全台灣人一起見證驕傲的金牌時刻。

在確定拿下金牌之後的頒獎典禮，我看到看台上的團本部成員，手中的總統賀電就已經拿出來，然後一夥人就衝到一樓準備要將總統賀電，第一時間送到麟洋配手中，結果場館經理海倫完全不為所動，按照既定的流程走完所有的程序，頒獎典禮、東奧官方電視台採訪、愛爾達採訪、持權轉播商採訪……

中華奧會會旗飄揚在羽球館最頂端。

「麟洋配」奪金後藏不住內心的喜悅。

我跟雄哥是第一組跟金牌「麟洋配」自拍的人。

原本電視台訪問完，團本部成員大叫麟洋配再走回來先來拿總統賀電，結果場館經理很堅持，先走完該走的行程和路線，最後才能放人。

我還是要給海倫掌聲鼓勵，她很嚴格卻也堅持規則，畢竟再怎麼開心還是要防疫優先，我那時候也有跟她說，我們的總統想要送獎狀給選手。

結果海倫說，總統來也一樣，還是要按照規矩走。

我差點笑出來，一開始真的超討厭羽球館場館經理，但在那一刻我覺得海倫超帥。

頒獎典禮我看到中華奧會的會旗，隨著國旗歌升起，我拿著手機錄影拍照，眼淚情不自禁的流出來，原來在奧運現場看到自己國家的升旗典禮，真的會爆哭。

我趕快調整好心情等麟洋配過來採訪區，原本想一定會採訪到哭出來，但沒想到兩個大男孩突然變成兩個小屁孩。

麟洋配在受訪時一直捏臉、打臉，然後屁屁的說，「好扯喔，我們兩個耶！」我原本都醞釀好要掉的眼淚，聽到這些話馬上乾掉，不過這就是最真實的他們，從不刻意掩飾自己的喜怒哀樂。

「麟洋配」受訪，分享奪牌感想。

「麟洋配」參加奧運官方記者會。

鏡頭前的麟洋配，謙虛有禮不斷強調態度羽球和保持初心，受訪時中國對手從後方經過，他們還會刻意暫停跟對手點頭致意，再重新開始訪問，這就是最棒的運動外交「謙受益，滿招損」。

在訪問的最後，兩個人也主動提起，希望在奪金之後，能夠連帶提升團隊包括教練、防護員、體能訓練師的待遇福利，他們沒有一句話是在為自己爭取，都是希望這塊金牌，能為整個後勤團隊帶來更多的助益。

我有把李洋的呼籲，原封不動地放進新聞裡面，不過我還是很懷疑，聽得進、看得到的政府官員會有多少？我必須說實在話，政治人物蹭完金牌熱度後，真的能繼續追蹤運動員表現和團隊待遇的人真的不多見。

錦上添花固然很好，但雪中送炭更顯得珍貴溫暖。

真心希望這塊金牌，感動人心的背後，是政府和相關單位的重視，不是只有金錢挹注，而是傾聽選手的需要，乃至於團隊的整體提升。麟洋配說得很好，沒有防護員、體能訓練師還有最棒的陳宏麟教練，就不會有這塊金牌！

二〇二一年七月最後一天，麟洋配在日本東京，帶著全台灣人成為世界最強。他們也從羽球乖寶寶，變成金牌衛冕者，接下來要帶著王者光環，努力在巴黎挑戰二連霸！

我和雄哥用最快的速度，把新聞製作完畢傳回台灣，時間已經接近日本的午夜了，搭著接駁車回到接駁總站，再轉搭乘回飯店的接駁車，回到旅館已經凌晨兩點，一整天下來，又是只吃了早餐就撐到現在，但我完全不餓，因為真的太多感動和熱血，還是老話一句，我是幸福的體育記者。

TOKYO 2020
TOKYO 2020
TOKYO 2020
TOKYO 2020
ENG

東京奧運

10 DAYS

2021
8.1

就算沒有奧運會，
還是希望大家可以支持台灣選手

前一晚台灣羽球麟洋配寫下歷史新頁，我幾乎徹夜沒睡，回覆臉書和 IG 的各個訊息，在臉書上的現場記錄貼文，突然之間被大量轉載分享，讓我嚇一跳，結果一直到東奧結束，我在臉書分享麟洋配奪金的貼文以及呼籲，有超過一千三百個讚以及超過兩百二十次的分享貼文！

我和雄哥帶著高昂鬥志，期待連續兩天都在羽球場傳來奪金好消息，八月一日壓軸登場的女單金牌戰，由世界球后戴資穎對決中國陳雨菲。

兩個人也屬於老對手，過去十九場對決中，戴資穎拿下十五勝！賽前包括中國媒體和台灣媒體都比較看好戴資穎能順利奪金。

八月一日在女單金牌戰之前，還有三場賽事進行，結果等到小戴準備出賽，已經是日本時間晚上接近九點三十分了，非常晚的開賽時間。

前面就有提到，戴資穎的打球風格非常吃當天手感和臨場狀況，第一局明顯感受到小戴沒有像四強戰穩定，第一局就發生許多非受迫性失誤，讓小戴始終處於落後局面，最後也以十八比二十一先丟一局。

第二局戴資穎調整節奏，雖然還是有失誤過多的情況，不過整體手感已經明顯比第一局來得更好，來到局點也頂住壓力，二十一比十九扳回一城，雙方進入緊張刺激的第三局。

女單金牌戰呈現另類的防守大戰，小戴和陳雨菲基本上就是比誰的防守功力比較好，等待對手發生失誤，第三局比數一路緊咬，無奈戴資穎失誤過多的情況再次發生，最終以十八比二十一丟掉第三局，敗下陣來坐收銀牌。

再見分出來的那一刻，戴資穎倒在場上氣力放盡，她已經拚盡全力了，金牌戰確實陳雨菲的穩定度發揮比較好，無論如何戴資穎還是為中華隊打下一面銀牌，這也是台灣羽球史上第一塊奧運羽球「單打」獎牌，雖敗猶榮。

羽球女單金牌戰打完，已接近日本晚上十一點。

賽後小戴受訪時表示，陳雨菲是可敬的對手，她也已經努力到最後，輸球沒有任何藉口，回去會再好好加油的。同時也透過鏡頭呼籲：「就算沒有奧運會，還是希望大家可以支持台灣選手！」

戴資穎受訪完後，我看到她的雙腿膝蓋全部都包紮緊緊的，這是她奧運兩周下來累積大大小小的瘀青和擦傷，但她從來沒有以此為打輸的藉口，對她來說更像是勇闖奧運的光榮勳章，我忍不住跟小戴說：「妳很棒，全台灣人都會永遠支持妳的，希望妳好好休息放鬆。」

小戴努力擠出微笑，拿著些許「不甘心」的銀牌，慢慢離開採訪通道，戴資穎的背影是落寞的，但我看到的是永遠的台灣之光、體壇驕傲。

完成小戴的採訪，我突然想到今天是最後一次來到羽球場館了，武藏野之森羽球館，是我這趟奧運採訪之旅，重複造訪最多次的場館，也多次和場館經理海倫、副經理吉沙上演恩怨情仇，我一邊整理器材，一邊思緒又回到回到七月二十二日，奧運開幕前一天。

那天我和雄哥，早早就和羽球中華隊總教練蔡佳欣取得聯繫確認，也獲得東奧方許可，可以讓我們去羽球館拍攝採訪中華隊練習。原本計畫都很美好，但前一晚要出發前，我打電話給羽球館經理海倫。

當羽球海倫接起電話，我先自我介紹並跟她說明明天會去羽球場館採訪，她斬釘截鐵地說：「不行！明天羽球場館都不開放拍攝。」

我回她說我有獲得東奧的申請許可，她還是很堅持說她沒收到通知，明天也沒有開放給任何媒體入內採訪。

我跟她努力溝通，羽球海倫還是說，不行就是不行。我不知道到底是東奧方還是羽球館的問題，不過也不重要了，因為這種事情在本屆奧運前期，幾乎天天都在發生。

東奧開幕後，七月二十四日是我第一次前往羽球館採訪，當時是麟洋配男雙小組賽首戰還有戴資穎首戰。

當我們抵達羽球館，找到拍攝位置後，攝影雄哥先留在三樓的拍攝區捕捉比賽畫面，我則是走下去一樓的採訪區，架設採訪器材。

當我走進採訪區找位置，羽球海倫又來了，看著我的證件說：「你有申請嗎？怎麼沒有今天的採訪貼紙？」

東奧每個場館、每天每個時段都會有不同顏色的貼紙，貼在證件上表示今天是有獲得入場許可的證明。

我傻眼，想說是要什麼貼紙，她跟我說沒有貼紙不能進來，隨後招來她的二把手吉沙（Geetha），這位馬來西亞的二把手更兇，直接招呼保安過來，我整個嚇到趕快跟她說我們是有申請的，能不能請她確認一下，她看了一下手中的清單，說我們只有獲得三樓拍攝位置，並沒有獲得一樓採訪區，採訪選手的許可。

怎麼會這樣，我都來到現場總不可能空手而回吧，隨後跟海倫、吉沙軟磨硬泡，說明我們只採訪中華隊的選手，不會耽誤太久的時間，請他們通融一下。

海倫想了想說，可以讓我們採訪，但要排隊等其他國家媒體採訪完。

這都沒關係，我相信中華隊的選手，看到我們都會願意等的，接著吉沙就臭著臉帶我到架設採訪器材的位置，我才剛開始架設，她就一直跟我說各種規則，重點是態度非常不友善，好像我們一副會亂搞的樣子。

吉沙解釋規則沒關係，最後又要補一句：「Please keep in your mind, I am watching you.」（請牢牢記住，我會盯著你們），我雖然還是笑笑地說OK，Thank you，心中早就先「乾」為敬。

後來在等待比賽結果出爐的空檔，我拿起手機拍照，結果吉沙又衝過來，很兇地說你不可以在這裡拍照，這是不允許的！然後我眼光瞥向隔壁的愛爾蘭同業，他正在拿手機直播……

但吉沙什麼都沒說，就只跟我說：「先給你一個警告，下次再違反規定他們會記錄我的證件。」

好，沒關係，規則你說了算我願意遵守，但也稍微一視同仁吧！

比賽結束，開始採訪選手，全部都告一個段落之後，吉沙臭著一張臉又跑來了。

「你們要趕快離開，其他國家媒體要來了，快點喔！」吉沙不斷催促著。我真的快爆發，沒看到我們已經在收東西了嗎！真的很煩耶，一直來。當然啦，我還是笑笑地說 OK OK，我們要走了。

從那天開始，我第一印象覺得羽球館海倫跟吉沙，真的有夠不好相處，然後又會對媒體有偏差待遇，不過我也是一直告訴自己，沒關係，只要工作有順利就行。

後來一直到八月一日戴資穎女單金牌戰，我和雄哥短短五天去了四次羽球館。

男雙麟洋配八強賽那天，一樣比賽前我先和雄哥在三樓拍攝區聊天看比賽，突然一個熟悉又冷靜的聲音說：「嗨，我可以看看你們的證件嗎？」我一回頭就看到海倫，那種感覺很像學生時代做錯事被教官抓到，我居然立正站好，然後趕快秀出證件給她看。

不是啊！我那天也都有申請也都有通過，到底是在怕海倫什麼，她檢查完確認好，看我們都乖乖的很配合，就開始講解羽球館的位置和注意事項，其實第一次來的時候她有講過一次了，不過我們還是靜靜的聽她說。

其實那時候我就在想，海倫和吉沙是很認真的，她會不厭其煩的一直跟我們說明，就代表他們也會跟每一個來到羽球館的媒體說明。

說完之後她拿起手機，開始處理其他的事情，不過扳著一張臉，好像有人欠她錢一樣，雄哥突然給我一個中華隊的小徽章，叫我有空去討好一下海倫，撩一下海倫媽媽，我說好，但轉頭看到海倫的結屎面，我想還是等一下好了。

接下來一樣我先下到一樓採訪區，一進去又遇到吉沙，她看了手中的清單發現我們是有預約到保留位置的，就帶我到我們的位置，然後問了一句，都知道規則齁！我屁屁的說 Of course，你們都說得很清楚，超棒的！

她似笑非笑點點頭走掉，訪問完男雙麟洋配，又訪問了王子維十六強強敗北，就是當時王子維經典的的落敗訪問「我的最後一分……我傻眼」。

我後來發現，海倫和吉沙對我們的態度轉捩點，就是王子維那天的訪問，他們看到王子維輸球還跟我們聊這麼開心，而且我們也一直跟選手還有其他媒體保持良好互動。

那天之後，海倫都會在訪問完選手後，跟我們聊上幾句，我也趕快打蛇隨棍……是趕快拿出中華隊的徽章雙手送上，海倫整個人心花怒放，還小聲跟我說，下次會幫我們安排好一點的位置，啊……早說嘛！這招有用我還留到今天，第一天就送徽章、送口罩、送餅乾了啦！

時間又過一天，我們抵達羽球館，已經熟門熟路了。直達三樓拍攝區，等待中華隊比賽，但我一直覺得有人在瞄我和雄哥，我不經意往一樓採訪區的方向看去，是海倫和吉沙，他們微笑著在向我們揮手呀！我的天，看來下次採訪奧運，不用會吵架，也不用英文很好，只要會撩妹就可以了！

一樣按照慣例，我先下去一樓架設器材，這一次吉沙直接請一個中國籍工作人員當我們的助理，帶我們到海倫幫我們保留的位置，一句話形容，海景第一排，還可以保證我們採訪順位是比較靠前的。

器材都架設完畢之後，海倫又扳著一張臉走過來，我想說不會吧！喜怒無常喔，結果她跟我說：「如果你明天想要更好的位置，要再給我兩個徽章……」

哈哈哈哈！我大笑。

這位英國海倫媽媽真的是冷面笑匠，我跟她說：「我給你十個徽章，可以讓我到球場旁邊拍嗎？」

「球場旁邊的話大概要一整袋……」哈哈哈，我愛死這種英式幽默了，表情冷冷的講幹話，很可以啊海倫。

理所當然那幾天的羽球採訪都很順，我最開心的就是在我保持好心情，有好的靈感的時候，採訪選手都能講出很棒的訪問內容。再加上雄哥的高速快手剪輯，那幾天雖然都舟車勞頓、早出晚歸，工作起來卻無敵開心，也越來越習慣和海倫講幹話。

七月三十一日麟洋配拿到金牌，我們的位置原本是在最後方的順位，前面還有奧運官方電視、央視、香港同業，結果海倫看到比賽結果之後，跟吉沙交代幾句，吉沙走到我們位置來說：「這是屬於中華隊的特別時刻，海倫說你們的順位應該要在前面！」

結果呢！我們的順位一下子提升到僅次於東奧官方電視台後面，低頭一看那個位置原本的主人貼紙：NHK（日本放送協會）！

真的是禮遇，感覺被尊重！麟洋配訪問結束後，海倫又來了，她還是一樣扳著臉孔問：「Do you !@#$ me？」

我說：「What？」

海倫：「I say Do you !@#$ me？」

我說：「Can you say again？」

海倫：「I say Do you LOVE me？」

我說：「...Yes~I love you, I love you. You are the best.」

然後給她兩個大拇指，讚啦！海倫心滿意足的離開。

我後來在接駁車上，跟雄哥講這一段，他說海倫大概也很苦悶，所以需要找點樂子，我覺得海倫應該是想找乾兒子。

八月一日小戴金牌戰，一抵達羽球館遇到海倫和吉沙，我前一天就有跟他們說，女單賽程結束，我們就不會再來羽球場館了，他們真的表現出一臉失落！

金牌戰打完，頒獎典禮開始，原本前一天男雙頒獎，海倫也有特別開恩讓雄哥可以到頒獎台前方拍攝，但不能使用腳架。

到了小戴頒獎典禮的時候，海倫直接跑去頒獎台前問雄哥需不需要腳架，雄哥也嚇到，但馬上說好。

我就看到海倫從羽球館的另一邊，手刀衝刺到我這邊，然後大吼：「Give me that tripod!」（快把腳架拿給我！）

我反應過來趕快把腳架遞過去，然後海倫扛著腳架橫跨過整個羽球館，一路衝到雄哥的位置，後來雄哥驚魂未定的表示，他跑了三屆奧運，被場地經理推開、移開腳架不下十餘次，這還是第一次場地經理幫他扛腳架！

器材收得差不多了，我和雄哥前一天就說好，要給海倫和吉沙禮物。

我故意一臉很緊張很嚴肅的跑過去她們旁邊。

「我有一件很重要的事情一定要跟你們說！」我扳著臉孔說。

他們看到我這麼嚴肅的臉，好像也嚇到。

東奧最棒的場地經理：海倫（右）、吉沙（左）。

「你們是我們這一次東奧遇到的……最棒、最認真的場地經理！你們真的做得很好，所以我準備了小禮物要送你們。」我由嚴肅轉為燦笑。

隨後拿出愛爾達口罩和台灣高山茶，一人一袋送給海倫和吉沙。

「你這是在賄賂我們嗎？」這次換最撲克臉的吉沙開始講幹話，然後默默做勢把禮物塞到口袋，還比了一個噓，不要讓別人知道的手勢。

最後我說，我們很想跟東奧最棒的經理合照。

「根據規定，我們是不能隨便拍照的……但因為是你們，所以我想可以破例一次。」可以，這風格很海倫，然後她默默的擺好POSE。

於是我和雄哥就和海倫、吉沙在羽球場旁邊一起自拍。

海倫最後跟我說，叫我回家一定要給家人一個擁抱，因為她也想她的兒子了！

這位太太，你有兒子也早點說啊！我還一直以為妳是不是很想認一個台灣乾兒子。

我和雄哥給予海倫和吉沙最真摯真誠的祝福，也為這次的羽球場愛恨情仇畫下完美句點。

然後回到飯店處理完所有工作，又是凌晨兩、三點了。

2021

8.2

11 DAYS

2021.8.2

陽光、沙灘、比基尼

連續幾天在羽球館，感受中華隊奪牌激情時刻，今天又來到我和雄哥的「自由休假日」，我們當然不會閒著。

上次休假已經去看了室內排球賽，這次休假換到戶外去看沙灘排球賽。

即便只睡了不到五小時，為了配合沙排賽程，一大早就來到「御台場海濱沙排場」，這也是東奧臨時建成的場館，就在三對三籃球場對面，緊鄰沙排場地旁邊就是鐵人三項比賽場地。

「東京熱不熱，東京超級熱。」這句是我今天新聞的開頭，因為戶外溫度超過三十五度，沙排場還非常的曬。不過一想到即將有比基尼，還有最頂尖的沙排比賽可以

東奧沙排比賽，現場觀賽相當好。

看，我還是感到非常亢奮。

抵達沙排場地後，先去跟場地經理打招呼，我個人覺得，只要來到排球相關的場地，都會有好人好事發生，沙排場地經理簡單幫我們導覽場地和拍攝採訪區域，並且詢問我想要採訪那些球員，我一一提出需求，場地經理非常乾脆地說沒問題，一定會讓我們工作順利。

最後還回到她的辦公室，拿了兩瓶冰水給我們，說要多喝水，這幾天都有記者曬到不舒服。

我研究了一下沙排賽程，主要針對一組美國隊和一組加拿大隊女排搭檔做賽後訪問，這兩組最後都順利晉級八強。

其中我印象最深的就是美國隊「Double A」組合，蘿絲（April Ross）以及克萊蒙（Alix Klineman）。

April 姐姐已經三十九歲，二〇一二倫敦銀牌、二〇一六里約銅牌，雖然沙排選手年紀可以維持到三十五歲左右仍屬巔峰。

不過三十九歲，還要保持高度競爭力，真的很難。

「對我來說奧運是一種生活動力，因為你知道有一個目標在那裡，你就會讓自己想辦法保持對於訓練和比賽的渴望，當然我最想要的就是和 Alix 一起在東京拿到金牌！」April 姐姐說。

從 April 姐姐的回答和表情中，我看到了身為頂尖運動員的態度，她很明確知道自己要的是什麼，因為有奧運讓她即使已經三十九歲的年紀，還是用更多的時間來維持訓練。

在訪問的最後，我跟 Double A 兩位姐姐說，在台灣其實也很多排球迷和沙排迷都很喜歡你們，可不可以跟台灣的球迷說一些話，兩個姐姐也很配合，熱情又開心的跟台灣球迷打招呼。

美國「Double A」組合，目標只有金牌！

加拿大組合親和力一百分！

訪問完美國隊不久，加拿大最萌身高差搭檔，胡瑪娜—派瑞狄絲（Melissa Humana-Paredes）／帕雯（Sarah Pavan）。

這組搭檔中，帕雯身高有一百九十六公分高，在比賽中不論是攔網還是扣殺，都有絕對優勢，隊友胡瑪娜、派瑞狄絲身高為一百七十五公分，在歐美排球選手中相對比較矮小，但善用速度優勢以及多變的進攻打法，多次在比賽中展現驚人的運動能力和得分效率。

加拿大天龍地虎組合，從二〇一六年開始搭配，也曾經在二〇一九年德國漢堡世錦賽拿過金牌。

當他們比完賽來到採訪區，在我和雄

哥旁邊的加拿大媒體正在採訪他們，我走到加拿大媒體旁邊拿起手機拍照，帕雯看到我在拍照，馬上露出陽光燦笑跟我揮揮手，太、太心動了，我在沙灘排球場上一顆心撲通撲通地狂跳。

加拿大媒體訪問完畢，我趕快舉起麥克風訪問胡瑪娜－派瑞狄絲和帕雯，他們兩位一開始有點意外怎麼會有台灣媒體想要採訪她們，我趕快跟她們解釋，在台灣也有很多排球迷很喜歡看沙灘排球，我們也有轉播一些沙灘排球國際賽事，所以對她們很有印象，想請她們也跟台灣球迷打招呼。

沒想到加拿大最萌身高差搭檔，比剛剛的美國姐姐更熱情，還直接跟台灣球迷說：「We love you！」

整個東京奧運採訪期間，對我來說最放鬆的採訪，還是去排球相關場地，每一次都會有好事發生，每一次都會有好人幫忙，連球員受訪都超級親切，馬上被美國 Double A 姐姐還有加拿大最萌身高差圈粉。

後來也證明我的眼光預測還是滿準的，美國「Double A」組合，最後一路過關斬將順利拿到金牌，April Ross 也以三十九歲高齡順利圓夢，在三屆奧運生涯中，剛好金銀銅牌各一面。

在美國「Double A」組合奪金後，我也將我們製作的新聞傳給兩位姐姐，他們很開心在台灣也有球迷關注支持她們，也跟我說有機會的話會想要來台灣觀光旅遊，喝道地的珍珠奶茶。

我想奧運選手有分成三種，第一是背負國家榮譽，眼中只有金牌的，像中國、朝鮮。

第二是發自內心享受比賽，有沒有奪牌都很開心的，像吉里巴斯舉重選手，直接在舉重台上熱舞。

第三種就是享受比賽，同時知道自己的獎牌目標（美國沙排、郭婞淳）。

東奧奪金選手都有一些共通點，除了享受比賽、艱苦訓練，他們更知道自己要的目標是什麼。「欲戴王冠，必承其重。」金牌選手都不是簡簡單單就能達成的，奪金背後的辛酸也只有選手自己知道。也是我們能從金牌選手身上，學到的寶貴課程。

我後來好奇去查了一下，美國選手拿到奧運金牌，可以獲得多少獎金。

答案：三萬七千五百美元（約台幣一百零五萬）

CAN
10
11
TOKYO 2020

12 DAYS

2021

8.3

2021.8.3

有求必應，地方的媽媽需要鮮肉

東京奧運賽程來到最後一週，中華隊出賽選手和比賽都逐漸減少，我和雄哥今天沒有排到採訪中華隊選手新聞，加上前幾天在羽球館屢屢折騰到半夜才收工，於是連續兩天，都安排自己比較喜歡又可以輕鬆一下的排球採訪。

接近中午，我和雄哥又來到「有明體育館」。

結果來到排球館，前腳才剛踏進館內，戶外就下起滂沱大雨。每次在國外遇到下雨天，都會特別想念台灣、想念故鄉的午後雷陣雨。

距離開賽時間還有大概半小時，我們在場館內慢慢晃呀晃，結果找到排球館的媒體工作區。沒想到排球館的媒體工作區隱藏在館內後方的小空地，不仔細注意真的有點難找。我想可能也是因為這樣的原因，當時使用排球館媒體工作區的記者相當少。

前一天在沙排的媒體工作區，不但有果醬夾心麵包、運動飲料、巧克力還有香蕉！

今天在排球館居然還有熱茶可以沖泡，而且果醬夾心麵包還有兩種口味，這下子午餐也解決了，一邊欣賞外面的大雨白噪音，一邊吃著麵包配熱茶，倒也是忙裡偷閒的浪漫。

吃著吃著突然一群穿著工程服的日本人走進媒體工作區，他們手上拿著一台儀器，在房間內走來走去，好像在尋寶，儀器還會發出探測的聲音。

他們後來停在我和雄哥的座位旁邊。

「Excuse me, do you have any wifi device ?」（不好意思，請問你們有 wifi 裝置嗎？）

其中一位工程人員努力用彆腳的英文問我們。

答。

「No, we only have cellphone.」（沒有，我們只有手機。）我下意識直接回答。

工程人員拿儀器靠近我們的手機，掃描來掃描去。

「OK, No problem.」（OK沒問題了。）工程人員最後笑笑地離開。

雄哥後來才跟我說，他那時候正在使用我們自己帶的wifi蛋（一種可以插網卡的行動wifi分享器）。

奧運官方有規定場館內不可以使用wifi分享裝置，以免影響轉播訊號或是場館內賽事數據的傳輸。

雄哥趁我在跟工程人員聊天時，趕快偷偷把wifi機關掉，不然可能會引發一些麻煩。

基本上這個「wifi條款」，就很像坐飛機要關手機訊號一樣，空服員不一定會很認真的抓，但要說到底有沒有影響，還真的是要問專業飛行員才知道了。

前幾年很常出國旅遊或出差，常常看到飛機一降落，飛機都還在跑滑道，周遭的人就已經開始用手機滑臉書、發IG了，只有我傻傻還在等空服員廣播說可以用手機傳輸功能，才乖乖開機。

整趟奧運下來，也就遇到這麼一次工程人員在檢查，但他們主要的目的只是要測試媒體工作區的官方 wifi 訊號強度而已，並非要抓大家的 wifi 裝置。

酒足飯飽，我和雄哥第三次在有明體育館採訪，今天鎖定的是俄羅斯男排交手加拿大的八強淘汰賽。

為什麼會特別鎖定採訪這場賽事呢？

因為就在前幾天，愛爾達同事，也是排球愛好者官欣瑜主播一直私訊我，她說如果有去採訪排球，一定要訪問到俄羅斯男排的年輕快攻手雅柯列夫（Ivan Iakovlev），我一開始都開玩笑說我只想要看女排，不想看男排，但還是默默地查詢俄羅斯男排的賽程。

結果發現剛好可以在今天銜接早上沙排的採訪，下午就輪到俄羅斯男排出賽，天時地利加人和，當然就滿足一下欣瑜姐姐的心願。

雖然欣瑜已經是兩個孩子的媽，但還是有少女心，看到帥哥還是會心動。

剛好俄羅斯男排八強戰打加拿大，直落三局打贏，成為第一支晉級四強的球

東奧男排八強，俄羅斯直落三局勝加拿大。

隊，球員們都很開心，我先採訪四屆奧運名將米開洛夫（Maxim Mikhaylov），戰鬥民族的主將連受訪時都自帶霸氣，感覺他光用眼神就可以殺人，不過他也很開心的分享球隊的近況，還有自己第四屆打奧運的心情。

緊接著就是重頭戲，雅柯列夫來到受訪區。有別於米開洛夫已經打了四次奧運，雅柯列夫是生涯第一次打奧運會，就成為球隊不可或缺的攻防大將，也吸引到萬千少女……還有台灣「少婦」球迷。

雅柯列夫雖然英文不太好，但透過翻譯還是侃侃而談對於奧運的新鮮感，最開心就是能和隊友一路打進四強，每場比賽都更加有自信。

訪問最後我直接跟雅柯列夫說，我們有個台灣女主播是妳的鐵粉，可不可以請妳跟她說幾句話。

雅柯列夫害羞的笑說可以，然後努力用英文跟地方的欣瑜媽媽打招呼。

後來我直接把這個打招呼橋段放在新聞一開頭，欣瑜媽媽看到後私訊我，他老公在生氣……

開玩笑啦！他老公也覺得很可愛，沒想到我真的滿足欣瑜的願望。

後來我追蹤了雅柯列夫的IG，發現他早就結婚了。

TOKYO 2020

東京奧運

13 DAYS

2021
8.4

2021.8.4

我不是養樂多迷，但燕九郎商品真的卡哇伊

東奧開幕式那天，當坐著開幕接駁專車接近主場館「國立競技場」的時候，我就瞄到在國立競技場附近，沿著明治神宮棒球場和奧運博物館中間那條路往下走大約兩百公尺，有一間日本職棒「東京養樂多燕子」官方商店，雖然我不是養樂多迷，但真的很喜歡養樂多的吉祥物「燕九郎」。

剛好今天採訪行程就是要前往國立競技場，採訪中華隊三位田徑選手，標槍雙俠鄭兆村、黃士峰以及一百一十公尺跨欄好手陳奎儒。

我和雄哥從飯店出發，搭乘東奧計程車前往國立競技場，果然在接近國立競技場的路上，看到那間養樂多官方商店，而且有營

業！於是我又動了小心思，想找時間趁空檔去逛一下。

當然還是先要把工作做好，抵達國立競技場，也和場館經理報到後，接下來就是等待中華隊選手出場表現。

首先登場的是早上九點的標槍預賽。

國立競技場晴空萬里，溫度同樣超過三十度，還帶點悶熱感，光是在田徑場看台上，都感覺熱得不行，更不用說在場上比賽的選手，真的考驗選手的適應力和臨場發揮。

依照我賽前的預期，鄭兆村和黃士峰應該至少有一位會擲進決賽，沒想到兩位選手表現都大失常，最後在預賽就遭到淘汰。

在採訪區等待標槍雙俠到來，鄭兆村和黃士峰一前一後來到採訪區，遠遠就看到兩位選手表情都相當嚴肅，明顯不滿意表現。

「沒什麼好說的，整體發揮就是不好。其實在先前熱身和訓練都沒問題，但我發現每次都在大賽的預賽就被刷掉，這應該是心態的問題，變成一個陰影了，我會再針對這一塊好好加強。」鄭兆村說著說著，我一直感受到他的殺氣。

台灣標槍雙俠鄭兆村、黃士峰表現不如預期，在預賽飲恨淘汰。

「對賽程方面，時間準備比較沒有那麼好，前面知道比賽時間的時候，已經有心理準備，但身體還是沒辦法緩過來。」黃士峰邊說眼淚都快掉下來。

「其實這一次有明顯感受到台灣民眾的支持力量，所以更想表現好、更加的努力，但結果是不盡人意的。」鄭兆村盡量淡化自己的殺氣。

「就先讓心情休息下，接下來還是會好好準備杭州亞運。」黃士峰承諾他會繼續努力。

兩位標槍選手的背影，有不爽也有不甘心，對於選手來說，比賽條件外在環境都是一樣的，比的就是誰適應力特別好，就能發揮出百分之百甚至超水準演出，不管怎樣台灣標槍雙俠都盡力了。

我其實很擔心接連的大賽失利，會讓選手產生類似棒球投手失憶症「YIPS」，真心希望標槍雙俠能重「心」出發，好好享受比賽和訓練，轉化大賽失敗的情緒。

標槍預賽結束，換男子一百一十公尺跨欄準決賽登場，陳奎儒前一天預賽跑出十三秒五三，是他本賽季最佳成績。

來到準決賽前面幾個欄架，都還能待在領先集團，可惜最後三個欄架腳步有點亂掉，也影響最後衝刺，最終在準決賽以十三秒五七、分組第六完賽，無緣挑戰夢幻般的決賽。

陳奎儒是目前國內一百一十公尺跨欄全國紀錄保持人，能夠在奧運衝進準決賽，成為三十七年來第一位跑進準決賽的選手，上一位就是一九八四洛杉磯奧運，同樣參加一百一十公尺跨欄的大前輩吳清錦。

陳奎儒賽後來到採訪通道，看到我們眼淚就已經掉下來，我讓他緩一緩再受訪，結果他一開口，眼淚又不斷往下滑。

「首先感謝台灣所有人的支持，很抱歉沒有拿出最好的表現回應大家，我心裡已經打定主意，法國巴黎奧運，我一定要再回來這個場上，決賽場上一定會看到我。」陳奎儒紅著眼眶真情流露。

相較於標槍雙俠失敗後的眼神迷茫，陳奎儒泛淚的眼眶卻透露出一種「我將再起」的霸氣，看到他賽後的反應，我反而不擔心他的眼淚，那些眼淚會成為繼續突破進步的最好養分，後續就期待台灣跨欄王子，繼續他的巴黎奧運追夢之旅。

陳奎儒成為東奧唯一晉級準決賽的田徑選手。

賽後眼淚潰堤，訂下跑進巴黎奧運的目標。

台灣田徑隊這次在東京奧運表現不佳，許多備受看好的選手都沒有發揮應有的實力，不過從二〇一〇年後，台灣田徑實力進步是有目共睹的，也誕生了許多黃金世代的選手。

我想從亞洲立足、展望世界，杭州亞運可以好好期待台灣田徑選手展現苦練成果，勇敢衝擊頒獎台。

製作完田徑隊的新聞，我和雄哥走出國立競技場，準備走到養樂多官方商店那邊去搭乘東奧計程車，剛好路上就可以「順便」路過養樂多燕子官方商店。

我發現我會喜歡養樂多商店的原因，除了人氣及項物燕九郎的周邊商品外，更重要的是同樣都是東京球隊，養樂多燕子的商品，幾乎都比讀賣巨人便宜二到三成，CP值划算很多，最後東買買西買買，居然在養樂多商店裡面花了快一萬多……日幣。

但有買到燕九郎，就是開心呀。

TOKYO 2020
TOKYO 2020
TOKYO 2020
CHINESE TAIPEI
10
3
172
157

東京奧運

14 DAYS

2021
8.5

沒有最熱，只有更熱，沒有最遠，只有更遠

默默的東京奧運賽程倒數最後四天，中華隊只剩下高爾夫還有空手道選手要出賽。

我和雄哥前一天就特別先預約了東奧計程車，為什麼要前一天就提前預約呢？因為在東奧期間其實路上看到「東奧專屬計程車」，都是可以直接路招上車的。

但今天我們要前往採訪兩位女子高爾夫選手徐薇淩、李旻，東奧女子高爾夫比賽進入到第二輪、一共要打四輪。

高爾夫比賽場地在埼玉縣川越市「霞關高球鄉村俱樂部」，這大概是整個大東京都周遭最遠的一個比賽場地，如果沒有提前預約計程車，不一定每位司機都會想跑這麼遠到高球場。

那高球場到底有多遠呢？從我們下榻的飯店，在東京都中央區出發，到霞關鄉村俱樂部，單趟時間就要接近一小時十五分鐘，這還是沒有塞車的情況，車資大約是兩萬五千日圓，光一趟就要使用三張東奧計程車券。

前幾天在沙排場已經感受過炙熱的太陽和溫度，沒想到來到高球場更熱！抵達球場後一下車，馬上感受到撲面而來的熱浪，看了一下球場的室外溫度計，又是攝氏三十三度。

走進球場大門首先看到媒體工作室，外面就擺放兩台大型水冷扇，開到最強不斷降溫。

第一次來到高球場，一樣先找到場館經理辦公室，跟他們報到和詢問細節，高球場經理非常友善，說全部十八個球道都可以拍攝，只要不影響比賽進行就可以，採訪區當然也沒有問題，需要採訪哪位選手，只要跟採訪區的工作人員說一聲，他們就會協助安排，最後貼心地說一定要多喝水喔。

我和雄哥討論過後，決定待在第九道、第十道附近，剛好中華隊兩位選手都是從前九洞出發，所以打到第九洞剛好可以拍他們在果嶺推桿，接下來的第

徐薇淩前兩輪發揮良好。

十洞就在旁邊，可以拍開球出去的英姿。最後等兩位台灣女將打到第十八洞，我們再前往拍攝並且等待選手繳卡後來到採訪區受訪。

很幸運我們抵達高球場，處理、了解完所有程序和規則後，第一位中華隊女將，「微笑女孩」徐薇淩已經打到第八洞，馬上就要來到第九洞。

徐薇淩第九洞推桿完，準備走路到旁邊的第十洞，看到我帶著中華隊的口罩還穿著愛爾達的奧運T，主動向我點頭微笑，我也跟她點點頭。

我對這位微笑女將印象特別深刻，好幾年前我還在前東家聯合報系 udn tv「就要體育新聞」擔任文字記者時，當時常常去台灣女子巡迴賽「TLPGA」採訪，那時候徐薇淩就是頒獎台常客，我曾經在她某一站奪冠後，和她一起合照。後來她考上LPGA資格，心中真的替她高興，所以相隔了這麼多年，再次來到高球場採訪她，我的美好高球採訪回憶都一一浮出來。

幾年不見，徐薇淩在打球時，心態更加放鬆，細膩度更加提升，不會有大起大落的不穩定感，多了更多對於球賽的理解和對球場的快速適應。

前面提到女子高球賽第二輪，接近中午時段球場溫度已經超過三十三度，徐薇淩也是不斷補充水分、鹽分，教練還準備好幾袋冰袋，隨時可以拿出來降溫。

最後徐薇淩在第二輪狂抓五隻小鳥（birdie），連續兩輪都打出低於標準桿兩桿的六十九桿，兩天結束排名暫時並列在第十一名，表現非常不錯！

至於另外一位女將李旻，跟徐薇淩算是同門姊妹，有一樣的主要贊助商，也同樣都是一九九五年出生，就連考上美巡賽（LPGA）的時間都差不多，也是最近幾年表現最好的旅外高球女將之一。

李旻在比賽中的一舉一動都相當有大將之風，不論是果嶺上推桿路線的解讀，還是開球之後連接桿的把握，都不疾不徐，讓人覺得她彷彿是一位身經百戰的資深選手。

李旻第二輪繳卡成績也是負二的六十九桿，總桿數一百三十八桿，低於標準桿四桿，相當有默契地跟徐薇淩一樣，都暫時並列在第十一名。

兩位女將結束第二輪賽程，都還有機會競爭頒獎台，接下來的兩輪還有機會衝刺排名。

李旻兩輪打完暫時並列第十一名。

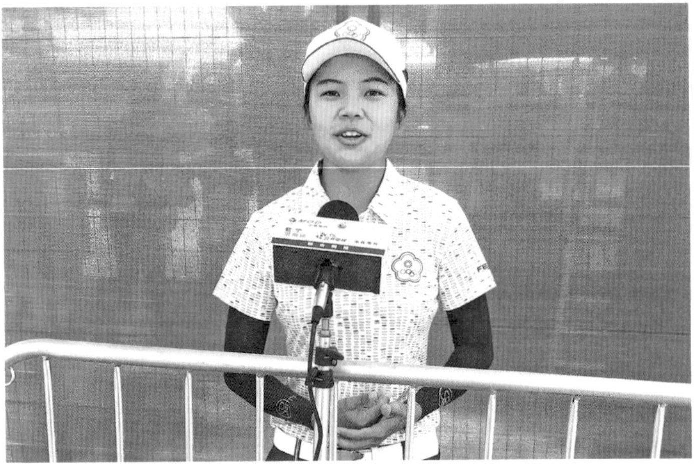

徐薇淩受訪時暢談奧運開運食物。

徐薇淩率先來到採訪區，看到台灣的媒體她也很開心，因為長年旅外旅美，已經很久沒有在國外看到熟悉的台灣媒體，因此她一看到我們，都還沒開始採訪，自己話匣子就打開來，開始聊起前幾天台灣男子選手潘政琮，每天都吃鰻魚飯，結果就一路好運氣打下銅牌！她和李旻從小潘拿到銅牌之後，每天都狂吃鰻魚飯，前兩輪真的都打出好表現，但天天鰻魚飯真的有點膩了！

我跟她說：「為了奧運獎牌妳還是忍耐一點，再吃兩天吧！」

她也笑出來，不過話鋒一轉，她聊到參加奧運的心情感想。

「奧運很像四年一次的戰爭，雖然很多球員平常都是巡迴賽常遇到的，但來到奧運，大家認真度比打巡迴賽還要專注。而且奧運四年一次，錯過這禮拜可能就還要等四年，所以打奧運真的賽前要做更多的準備，也希望把好的表現帶到球場上。」徐薇淩能幽默也能言之有物。

結束徐薇淩的訪問，李旻也來到採訪區受訪。

「其實我和薇淩昨天有開始吃豬排丼了啦！因為豬排的日文諧音（とんかつ）代表就是勝利，我們也想換一下菜單，這兩天就穿插一下繼續吃。」李旻偷偷爆料不是只有鰻魚飯很開運，豬排丼也很不錯。

「天氣很熱，我覺得反而有點變成台灣人的優勢，畢竟我們從小到大就滿習慣這種天氣打球，所以可能會變成一種優勢。我覺得不管怎樣能來到奧運舞台，就很像完成一個人生清單的項目，尤其轉職業之後，比較沒有機會披上國家隊戰袍，所以更加珍惜這次的機會。」李旻同樣用簡單但真切的話，傳達出參加奧運的想法。

在我採訪過的高球選手中，不論男女大概百分之八十到九十的選手，口才和思緒都超清晰，且都能講出很棒的內容，讓人發自內心想為他們加油。如果以運動項目來分，高球選手的受訪表達能力，可以在我心中排上前兩名。

結束兩位高球女將的採訪後，我也祝福他們明後天第三、第四輪比賽繼續加油，好好享受東京奧運的氣氛。

我和雄哥回到媒體工作區，準備開始進行新聞製作，我看到工作區有一個冰箱，上面寫著「每個人一次只能拿一瓶飲料。」裡面有冰水、運動飲料跟……可樂！

我看到可樂眼睛都亮了，要知道可口可樂做為東奧最大的飲料贊助商，在東奧所有場館內，不管是商店還是販賣機，都只會出現可口可樂公司出品的飲料和瓶裝水，重點是真的天價！奧運商店買一瓶可樂，一般日本便利商店可以買兩瓶！

所以當我看到有免費可樂可以拿，此時不拿更待何時，我馬上從座位起身，手刀快步到冰箱，打開冰箱後發現，就剩最後一瓶可樂，那我就不客氣了！旁邊的工作人員看了看也開玩笑地說。

「Last one, wow you are so lucky.」（最後一瓶了嗎！你太幸運了。）工作人員笑笑的。

「Yes, I am lottery winner.」（沒錯，我是樂透彩贏家。）我覺得如果是跟羽球館海倫媽媽講這句，她一定懂我的梗。

回到座位上吹著冷氣，咽了一口口水，戰戰兢兢的扭開可樂瓶蓋。

「滋～」可樂的香甜氣味，伴隨瓶內滾滾的氣泡往上衝。

我一口灌下大量的「肥宅快樂水」。

「啊～原來炎炎夏日，工作喝的可樂和下班後的冰涼啤酒，有一樣的效果，沁人心脾！」我忍不住跟雄哥分享我的開心。

只要在心情愉悅的情況下工作，下筆如神、靈感源源不絕湧現，兩則台灣高球女將的新聞很快就製作完畢傳回台灣，我又去茶水區拿一些餅乾、巧克力當下午茶，由於新聞已經製作結束，回程並不趕時間，我和雄哥打算乘坐高球場的接駁車回主媒體中心，雖然車程要九十分鐘，不過沿途欣賞風景，當作公路之旅。

等待接駁車發車的時候，突然媒體工作區走進來一群韓國大叔，一進來坐在位子上第一件事情就是把口罩拿下來，脫下口罩就算了，還開始高談闊論，彷彿整個媒體工作區都是他家一樣，吱吱喳喳聊個不停，而且始終都沒有打算把口罩戴好。

我回頭瞄了一下他們，原本坐在他們旁邊的其他國家記者，都紛紛移動座位，遠離他們，就這樣過了十幾分鐘，我看都沒有人要制止他們的行為，我實在受不了，跑去跟工作人員說，可不可以請他們出面，跟那群韓國記者說，把口罩戴好並且安靜一點。

還好日本工作人員相當有正義感，二話不說就去跟韓國媒體告誡，終於還給工作區一個安靜低風險的環境。

我一邊滑著手機，突然有一位聯合採訪團的友台夥伴私訊我，這位夥伴就是第一位抱怨工時太長的同業前輩。

他後來還是一直都會在聯訪團群組上，公開質疑我的任務調度，甚至還會私底下跟自己同事抱怨，他不熟什麼項目，為什麼要派他去之類的，為什麼我會知道他私底下一直抱怨呢？

因為他同事自己都看不下去，偷偷跑來跟我說，希望我們不要介意他同事的舉動。

我說不會啦，反正吵也吵完了，奧運也快結束了，我當大家的出氣筒功能也快告一段落了，回到台灣就彼此祝福工作平安順利就好，我一直都把朋友說的那句「笑到最後的才是贏家！」放在心裡，只要聯訪團夥伴又要來吵糖吃，我就會拿這句話提醒自己。

那位聯訪團夥伴私訊我的內容是這樣的：

『楚育不好意思打擾，想請問一下明天的場館採訪申請，還可以更動嗎？我發現我填寫錯場館和項目了，我原本想申請BMX場地單車賽的採訪，結果不小心申請到場地自由車賽的場館，如果可以的話，能幫我跟日本電通還有東奧那邊詢問看看能不能更改一下呢？』

我看完訊息真的是白眼翻到天邊，東奧期間我每天晚上十一點收單。

聯訪團友台夥伴，自己未來一到三天的場館申請表，他們希望自行填寫後，再交由我統整後、寄出給日本電通和東奧官方。

我說沒問題，這樣也減輕我的工作內容，完全可以接受。

在那次大吵架之前，我每天晚上睡覺前，都會主動詢問、提醒還沒繳交申請表的友台夥伴，有的時候趕時間，甚至直接就幫他們都填好，反正晚上線上會議時都有確認過工作分派。

那時候我除了晚上提醒夥伴，當他們回傳自己的場館申請表時，我都還是會花時間幫他們一一確認申請資訊正不正確，從申請日期、申請人員、採訪需求、申請場館等等細節，都會再對照一次每位聯訪團夥伴的任務，是否與申請表單一致，確認兩次、三次後都沒問題，我才會寄出給日本電通和東奧官方，他們在收到台灣聯訪團的申請表時，也會簡單回傳一封確認信給我。

不誇張的說，有好幾次都是我主動提醒有誰還沒繳交申請表，或是申請表有哪裡填寫錯誤，親自幫他們改正，避免掉很多申請錯誤的狀況，但這些聯訪團夥伴的「錯誤申請表」，我每一次訂正後，他們寫錯的機率還是很高，我都不厭其煩的幫大家做最後確認和修正，這些事情我都當成組長份內應該做的事情，從來沒有邀功，或是在開會吵架時拿出來指責大家。

一直到聯訪團大吵架事件發生後，還是有一些夥伴公開在群組上或私底下在私人社群軟體，意有所指的罵我，我才真的心死。

從七月底開始，我就只負責晚上收單其他兩家友台的申請表，就算他們寫錯我也不管了，我最後有寄出、確保日本電通有確實收到我們的申請表就好。

反正到東奧後期，中華隊選手項目已經很少，大部分台灣選手賽事都交給愛爾達自行前往採訪，其他兩家友台，都是想去什麼場館、什麼項目就自行申請，真的有兩組人撞到相同比賽再來協調。

其實每晚聯訪團夥伴傳來各自的申請表時，我還是會快速地看一下大家申請細節，昨天晚上我就看到，這位私訊我要改場地的夥伴，他填了「自由車場地賽」採訪申請，我那時候就很納悶，不太可能吧！自由車場地賽沒有中華隊選手，而且比賽地點在靜岡縣伊豆市，距離東京市中心有將近一百四十公里，開車要接近三小時，搭乘鐵路運輸最快也要兩個半小時，還只是單趟。

我不太相信一直抱怨工時太長的夥伴，居然會想要花五、六小時來回，還只是去沒有中華隊選手的自由車場地賽!?

馬上發揮柯南精神，打開東奧賽程交叉比對，發現跟自由車有關的比賽，只剩下 BMX 單車場地賽和場地自由車賽，我想一定是夥伴搞混了填錯。不過我「有」看到，也技巧性的「沒看到」

「如果夥伴真的很想去靜岡採訪場地自由車呢?我怎麼可以不讓他們去，說不定這是他很有興趣的項目呀!我怎麼可以質疑夥伴的認真呢。」於是乎，收單後我原封不動的送出場館申請表。

結果今天下午，馬上證明我的推理正確，我把夥伴私訊內容，拿給雄哥看，雄哥看了看一臉壞笑的說。

「所以咧，你要幫他們去跟電通喬嗎?」雄哥一臉賊笑。

「當然……當然不要啊!復仇的時刻到啦，老天還是有眼的。」我忍不住在工作區高舉雙手歡呼，好像我贏得奧運獎牌一樣。

覺得我當組長太強勢，OK，想採訪什麼內容就各自安排。

覺得申請資訊不公開透明，OK，那就讓大家自行填寫。

這些都是友台夥伴們要求的，我也確實按照你們的要求執行，現在填寫錯誤，才要好聲好氣的來請我幫忙，怎麼不見前幾天罵人酸人的威風呢？

當然身為組長，我還是要秉公處理回覆夥伴的疑難雜症，所以我回覆：

『哎呀～怎麼會這麼不小心呢！這下子麻煩了，沒關係，我盡量去問問看電通那邊。剛好我等一下會回主媒體中心，我直接去電通辦公室，看看有沒有辦法更改，等我消息。』

我回覆完訊息，實在忍不住笑意，太爽了吧！簡直大快人心，前幾天罵人有多威風，現在就有多諷刺，我這個人很簡單，吃軟不吃硬，好好相處好好説話，我絕對都把大家當自己的同事一樣照顧妥當，但你要搞一些小動作或閒言閒語，那我也不會多幫助你什麼了。

我的訊息回覆真正含意就是八個字「好自為之，甘我屁事」。

大快人心的時刻，連高球場的午後夕陽看起來都格外耀眼，雖然天氣很炎熱，呼吸都會流汗，但這件事真的是東奧後期最解氣的事件了。

從高球場回主媒體中心的接駁車上，雄哥按捺不住好奇問我剛剛怎麼回覆，我把訊息給他看，雄哥還繼續問說，所以真的要幫他們去問電通喔？

「當然不啊！好好享受窗外風景，待會到媒體中心，我們去大廳沙發區觀看文姿云空手道比賽，現在先讓子彈飛一會吧！」說完我繼續看著窗外高速公路的風景，反正不是我急，是夥伴在著急。

回到主媒體中心，中華隊文姿云準備比空手道四強戰，主媒體中心大電視轉播畫面還看到觀眾席上的愛爾達執行長 Sally 以及副總 Winnie。

順帶一提，其實 Sally 以及 Winnie，他們雖然有 VIP 證件，但要進去所有場館觀賽，一樣要透過我幫他們申請座位區，他們才能進入場館看比賽，所以像副總 Winnie 都會提前好幾天，跟我說她和 Sally 要去看什麼比賽，再請我幫忙申請。

文姿云比賽準備登場，距離聯訪團夥伴傳的求救訊息，已經過去大概三到四個小時，我還沒打算要回覆，我這把是狙擊槍，子彈可以飛很遠的！

『楚育不好意思，請問電通那邊有回覆了嗎？因為我只有申請一個場館，沒有其他備案，再麻煩幫我聯繫一下了，謝謝。』我可以想像夥伴打這些訊息

文姿云勇奪空手道五十五公斤級銅牌。

的時候，心裡有多幹，怎麼都沒有音訊呢？急死人了呀。

我再次把訊息分享給雄哥，雄哥大概也懂我的意思了。

「急什麼，再急都沒有文姿云比賽急吧！」雄哥示意我們安靜地看比賽就好。

雖然文姿云在關鍵四強戰不敵烏克蘭正妹選手，但最後還是進帳一面銅牌，寫下我國奧運史上第一面空手道銅牌，這面銅牌也是中華隊在本屆奧運進帳的最後一面獎牌，總計中華隊在東京奧運，一共拿下二金四銀六銅，寫下台灣參加奧運以來最輝煌的成績單。

看完比賽我和雄哥走出主媒體中心，

前往接駁車總站，準備搭車回飯店。

「你打算怎麼回覆？」雄哥也很關注子彈打中目標了沒。

我早就想好要怎麼回覆了，打開手機輸入：

『我剛剛有去電通的辦公室，也打電話問了相關承辦人員，他們說來不及更改了，必須在兩天前就確定場館申請表，所以你們可能要更改採訪題目。』

對，我說謊了！我根本沒問，也從一開始就不打算幫忙詢問，而且我知道就算問了，答案依舊會是否定的。

為什麼我如此肯定呢？早在前幾天桌球林昀儒銅牌戰，我忘記申請場館許可，後來長勳主動請纓前往，我其實也曾經打電話問過電通，當時得到的答案就是「一切按照規矩來！」所以我相信電通和東奧官方並不會因為奧運接近尾聲，就給台灣媒體開方便之門。

當然啦！更多的是，我終於等到復仇時刻，怎麼能錯過這個機會呢。

看著聯訪團夥伴秒讀訊息，然後已讀不回，我可以猜想他心裡一定很慌張。怎麼辦，隔天的新聞出不來，要怎麼跟公司交代。

但我萬萬沒想到夥伴最後使出一個大招，隔天直接排休假！

哈！沒有辦法了最後選擇怯戰，反正不關我的事，東奧尾聲新聞量也沒有那麼多，也無心再去管聯訪團夥伴，想要上班還是休假。

東京奧運

15 DAYS

2021
8.6

2021.8.6

不是只有選手想家，我也想家

連續兩天前往「霞關鄉村俱樂部」採訪中華隊高球女將，東奧女子高爾夫比賽進入第三輪，我和雄哥一樣順著前一天的模式，鎖定九、十、十八三洞。

不過第三輪兩位台灣女將表現些許下滑，李旻第三輪打完排名下滑到並列二十五名，想要衝擊頒獎台，最終第四輪要有超水準的發揮才有可能。

至於「微笑女將」徐薇淩，第三輪可說是多災多難，倒不是打得特別差，而是打完前九洞後發現，生理期突然報到！好巧不巧徐薇淩當天穿的是白色長褲，球具袋裡面也沒有替換的褲子，一籌莫展之際，跟微笑女將同組的紐西蘭韓裔名將高寶璟（Lydia

Ko）伸出援手，高寶璟的裝備袋還有一件備用的黑色長褲，只是口袋旁邊有小小的紐西蘭國旗logo。（本段內容已徵得選手同意刊登。）

徐薇淩生理期報到，詢問裁判能否借用其他選手褲子。

高寶璟大方出借備用長褲。

在跟大會還有裁判確認過可以暫時借用褲子後，徐薇凌趕快跑去換上高寶璟提供的紐西蘭隊黑長褲。

徐薇凌身高一百六十公分左右，高寶璟有一百六十八公分高，第十洞開球，徐薇凌已經換上高寶璟的長褲，雖然穿起來有點鬆垮垮，褲腳也一直拖地，但至少心中的不安定感一掃而空，高寶璟的團隊看到徐薇凌的紐西蘭國家隊長褲，也開始開玩笑幫這位「新」紐西蘭國手加油！

「I am team New Zealand now.」（我現在是紐西蘭隊了！）徐薇凌笑著跟高寶璟說。

我想這就是超越勝負、超越國家的感動，雖然彼此都是競爭者，徐跟高的桿數、排名都差不多，都還有機會競爭奧運頒獎台。高寶璟大可以袖手旁觀，少一個敵人就少一個競爭，但高寶璟卻主動提供長褲給徐薇凌，展現台紐友好，這樣的舉動也得到現場所有人的尊敬，也為自己帶來好的成績，高寶璟第三輪狂抓五隻小鳥（Birdie），還沒有吞下任何柏忌（Bogey），繳出單輪低於標準桿五桿的六十六桿，最後第四輪更狂抓九隻小鳥，吞下三個柏忌，打出他個人

徐薇凌換褲後，後九洞止跌回升。

四輪下來最佳的六十五桿，最後拿下東奧女子高球銅牌，連續兩屆奧運都拿下獎牌。

高寶璟這樣的善舉貼心直接圈粉，也成為當天在高球場的佳話，我也決定未來都無條件支持高寶璟！

徐薇凌第三輪後九洞，有了「紐西蘭國家隊」的加持，成績也穩定下來，最後平標準桿七十一桿坐收，三輪結束後排名下滑到第二十名。

徐薇凌賽後穿著紐西蘭國家隊長褲受訪，聊到這段「換褲驚魂記」，還是很感謝高寶璟的援手，也說回去會趕快把褲子清洗乾淨，隔天除了還給高寶璟外，也會準備個小禮物送她。

不過她也談到第三輪受到身體的影響，確實前九洞發揮不好，最後只能勉強打平標準桿，她也知道要競爭頒獎台，除非有超水準演出，但還是會好好把第四輪打好，爭取更好的名次，今晚就先來一瓶好喝的奶茶，安慰一下心靈。

徐薇淩跟李旻這兩位台灣高球女將，真的是量子糾纏默契十足，第三輪李旻在推桿運氣始終差了一點，好幾次抓鳥機會都錯過，最後第十八洞還吞了一個柏忌，最後以高於標準桿一桿的七十二桿繳卡，第三輪結束排名下滑到並列第二十五名。

李旻在這一次奧運感受最深的就是變成 PTT 鄉民，每天都有好多親朋好友透過愛爾達的轉播和新聞，關心李旻的最新戰況和賽後消息，也會有很多 PTT 網友在網路上隔空幫李旻作法集氣，想出很多天馬行空的方式，要力挺李旻，讓她感覺既有趣又窩心。

「奧運結束想先回去台灣休息一陣子，大概九月初再回去美國展開巡迴賽，真的很想家了。」李旻在受訪最後忍不住感嘆。

李旻受訪分享奧運初體驗。

其實不單是選手想家，我從七月初到東京，默默也在日本待了快一個月，我也很想家，雖然我已經過了而立之年，但在外打拚，尤其在國外出差工作，遇到任何喜怒哀樂酸甜苦辣，第一個想到的還是家人，還是想回去家裡抱抱親愛的父母親。

用最快的速度把高球兩則新聞製作完畢，在等待接駁車的空檔，我跑到高球場練習果嶺旁邊的奧運五環拍照，因為今天也是最後一次來高球場採訪了，明天第四輪將會換長勳來採訪高球。

高球場的奧運五環有點大，我自拍好幾次都不滿意，剛好遇到兩位看起來像是日本工作人員的東奧志工，我趕快過去用日文和比手畫腳，請對方幫我跟奧運五環拍照，這兩位小妹妹笑笑地說OK，然後……

「好，來喔～1、2、3，笑一個！」對，她們說中文。

「妳們是中國人嗎！」我聽她們口音判斷。

「對呀，我們在日本讀書，然後奧運期間來當志工，你是台灣的媒體嗎？」

中國志工妹妹開始跟我聊天。

綠油油的高球場，奧運五環特別耀眼。

霞關高球場是東奧採訪最熱最遠的場館。

其實這一次奧運採訪，大部分遇到的中國志工都非常友善友好，幾天前我在主媒體中心，要協助組員申請 PCR 核酸檢測的時間和報告，以利我們返台出示，當時整個東奧官方又是一團混亂，明明說好七月底要公布相關檢測辦法、地點、費用等等細節，但一直拖到八月初都還無消無息。

我當時直接前往主媒體中心防疫辦公室詢問，一位中國志工大哥很熱心地跟我說明目前他們手中有的消息，還親切的跟我留下 What's app 聯絡方式，說只要他那邊有收到東奧高層第一手資訊，馬上會通知我，要我不用擔心，也跟我透露他們有聽到的風聲，大概再過一、二天就會公布整個 PCR 相關流程了。

結果一天後東奧官方真的就寄信給各個防疫聯絡官，那位中國大哥也真的第一時間就通知我，問我有沒有收到，讓我相當感謝。

整個東奧期間我始終抱著「以禮待人，不主動爭吵」的原則，也不會因為對方是什麼國籍、人種就有刻板印象，如果都只看到好的面向，我覺得我在東奧期間遇到的工作人員、志工，百分之九十都是好人。

跟兩位高球中國志工妹妹聊完天，他們說也想跟奧運五環拍照，我當然義不容辭幫她們拍美，結束後揮揮衣袖，不留微信、瀟灑離開深藏功與名。

TOKYO 2020
TOKYO 2020
Panasonic

東京奧運

16 DAYS

2021
8.7

2021.8.7

最後一次的排球震撼，手癢了啊！

東京奧運賽程剩下最後兩天，今天又是我和雄哥自由定休假日。

「還是排球嗎？不會膩喔？」雄哥一早吃早餐問我。

「不會啊！要不是棒球在橫濱，我可能就會一直申請去棒球跟排球，沒辦法這兩個我的最愛。」這次唯一小小遺憾就是沒有到橫濱去採訪棒球。

對跑過三屆奧運的雄哥來說，也沒什麼特別想看的項目，但跟我一樣不希望休假日都沒有出去走走，難得來奧運了，不管有沒有產出新聞，都還是想去各個場館看看。

有明體育館（排球館）成為東京奧運期間，僅次於羽球館去最多次的場館。

今天鎖定男排銅牌戰，由兩支南美勁旅巴西對決阿根廷，賽前我預期巴西贏面比較高，畢竟他們才剛在前不久的「排球國家聯賽」（VolleyBall National League）拿下冠軍，同時也是二〇一六里約奧運男排金牌。

阿根廷前一次拿下奧運獎牌是一九八八年漢城奧運，也是他們隊史唯一一次在奧運拿下獎牌，小組賽以分組第三晉級，成績並不是太亮眼，不過八強淘汰賽他們先以局數三比二擊敗強敵義大利，四強戰雖然不敵法國，但球員氣勢和團隊凝聚力透過比賽磨合到最佳狀態。

第一局阿根廷靠著三屆奧運國手，攻擊主力孔提（Facundo Conte）單局獨拿九分帶領之下，以二十五比二十三驚險拿下第一局。

二、三兩局巴西隊手感回升，連續兩局都以二十五比二十拿下，反倒讓巴西率先取得聽牌優勢。

關鍵第四局，阿根廷年僅二十四歲，生涯首度打奧運的攔中洛瑟（Agustín Loser），在網前幾次精彩的攔網得分，帶起球隊士氣。

順帶一提洛瑟也是欣瑜媽媽喜歡的小鮮肉之一，不過洛瑟也已經死會結婚

男排銅牌戰賽前燈光秀。

南美大戰！巴西 v.s. 阿根廷。

了。

第四局阿根廷將士用命頂住壓力，二十五比十七把比賽逼進到決勝第五局。

排球第五局只打十五分，關鍵時刻阿根廷王牌孔提，再次一肩扛起球隊勝敗，孔提第五局獨拿四分，整場比賽拿下最高的二十一分，最終阿根廷十五比十三，第五局戲劇性擊敗南美王者巴西隊，拿下睽違超過三十年的奧運獎牌。

奪牌時刻阿根廷球員教練和場邊記者，真的不誇張，連採訪區的阿根廷記者每個都直接爆哭！

不是說「阿根廷別為我哭泣嗎」，阿根廷球員直接在球場上嗨唱國歌，然後又叫又跳開啟大型慶功趴踢，阿根廷奪牌英雄孔提，他的父親休果・孔提（Hugo Conte）也有到場觀戰，而且老孔提就是一九八八年阿根廷在漢城奧運排球奪銅的球員之一，賽後和兒子相擁而泣，父親和兒子都曾經拿過奧運獎牌，真的很像電影情節，這塊獎牌是阿根廷史上第二面排球項目奧運獎牌。

球員慶祝完默默移動來採訪區，阿根廷球員大部分都是打國內聯賽，另外一部分是旅外球員，因此大部分球員對於英文並不是那麼流利，原本我很想採訪孔提，畢竟他是奪銅的頭號功臣，但他人氣實在太夯了，訪問一個接著一個，隨後也馬上趕去開官方記者會，沒辦法為台灣媒體停留腳步。

還好我們有訪問到小帥哥攔中洛瑟（欣瑜姊的愛……又讓她點菜成功），洛瑟的迷人微笑真的是讓人小鹿亂撞，他先是很意外原來台灣有這麼多排球迷都支持阿根廷。

「謝謝台灣球迷給我們的支持，這是我生涯第一次奧運會，我從預賽到今天銅牌戰，都還可以很清楚記得每一個細節，最開心的還是和我的隊友一起奪牌，真的美夢成真。」洛瑟開心的分享奪牌喜悅。

「對阿根廷來說，真的是美夢成真，我們等這一面獎牌等了超過三十年了，我們全隊都覺得不可思議，但這一切都是真的。」阿根廷自由球員達納尼（Santiago Danani）分享道。

阿根廷男排隊長Luciano De Cecco受訪。

阿根廷新生代人氣球星Agustin Loser。

阿根廷球員人都非常友善，起初都以為我們是中國媒體，後來知道是台灣來的，都露出訝異的表情，想說這個南美對決的場子，怎麼會有亞洲媒體，還是來自沒有打進奧運排球比賽的台灣記者。

我後來有跟阿根廷媒體分享，我們台灣排球也有夢想，也希望有朝一日可以打進奧運會，像你們這樣享受奧運比賽和夢幻般的奪牌時刻。

在奧運期間最後一次比賽採訪，用最喜歡的排球來做為句點，對我來說是最美好的劇本，也是最熱血的情節，看完排球賽，真的是手太癢、好想趕快回去台灣打排球了呀！

結束完阿根廷男排的採訪，轉移陣地回到主媒體中心製作新聞，順便再確認明天要前往 PCR 核酸檢測的相關細節。

明天八月八日就是奧運閉幕典禮了，對於台灣東奧聯訪團來說是最後的任務，早在幾天前我就有在群組上公開詢問，有沒有夥伴想要自願去閉幕典禮採訪。

由於我和雄哥已經去過開幕，我們都一致決定要把閉幕式採訪的機會，讓給其他夥伴，會這樣做也是在準備排定閉幕式採訪人員時，其中一位友台夥伴表示，當初開幕式為何多出來的名額，沒有讓其他人知道，希望閉幕式排人選要更公開。

我當時看到這則訊息又傻眼了，我當時一確定獲得四張開幕式入場門票時，扣除我和雄哥二張，另外二張門票，第一時間我就請另外兩家媒體夥伴，內部詢問誰想一同前往。

但這也是我的失策，因為我確實不是在群組上公開詢問，而是分別找到兩家夥伴的小組長，私訊通知他們有多出兩張票，可能是他們內部溝通不良，所以才會覺得，開幕式入場門票沒有公開透明。

好吧，這個失誤我就摸摸鼻子認了，現在閉幕式，我八月初就開始詢問有沒有夥伴想要自願，如果很多人想去，我們愛爾達可以無條件禮讓其他二家友台夥伴。

我這樣做的目的就是至少閉幕友台還是有去，我也做到公開不藏私，避免後續又遭人閒話。

我也早就跟長勳溝通過，希望閉幕式採訪機會就讓給其他二家友台，我們就輕鬆一點，做完 PCR 後，我帶長勳他們去台場那家東奧官方商店，最後血拚買一些紀念品，何樂而不為。

結果我把阿根廷男排新聞處理完，打開手機就看到群組上友台夥伴的回覆：

『楚育我們明天會排休假，自動放棄前往閉幕式。』A 友台。

『我們也不前往閉幕式。』B 友台。

我真的是無言了，一下子要吵糖吃，給了糖要你們分，又嫌糖不好吃，現在是怎樣，又全部集體休假說不去就不去，那前幾天吵閉幕採訪，到底吵什麼意思的。

我很快冷靜下來，心想還好我也備好 B 計畫，趕快跟長勳聯繫，既然兩家友台都不去，那就由愛爾達兩組人馬前往，我們也好互相支援，同時因為執行長 Sally 和副總 Winnie 也會參加閉幕，所以剛好可以帶她們，幫她們拍些照片留念。

不管再怎麼辛苦或不開心，只剩最後一天了，撐過去就海闊天空了。

TOKYO 2020

東京奧運

17 DAYS

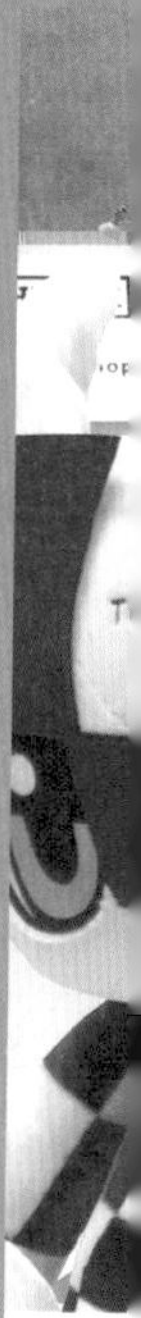

2021
8.8

Blue 桑，
我希望明年亞運還可以見到你

為期兩周多的東京奧運，終於來到最後一天，我和雄哥今天的任務是製作東奧中華隊回顧專題，把這幾天的台灣好手精華濃縮起來，變成中華隊的奧運回顧。

一大早我、雄哥、長勳和攝影忻志，先來到主媒體中心，我幫大家預約好 PCR 核酸檢測上午時段，報告下午就會出爐，隔天搭飛機返國就可以出示。

來到媒體中心發現距離我們預約的時段還有接近一小時，剛好這時候日本電通的 Azusa 打來電話，跟我說閉幕式的票還有採訪證已經下來了，說我可以隨時過去領取。

我跟其他人說，等我一下我去領取閉幕式證件，雄哥提醒我，順便跟 Azusa 姐姐拿

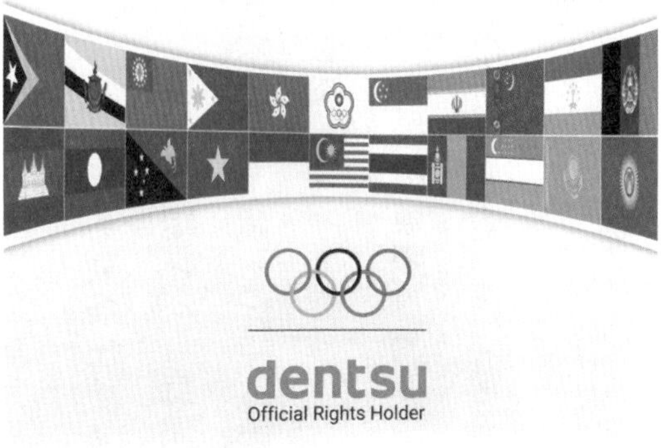

日本電通東奧轉播合作國家、地區。

東奧閉幕式入場門票。

一張日本電通轉播夥伴的大海報，那張海報上面有所有從日本電通手中購得國家、地區轉播權的電視媒體和國旗，還有東奧的logo，雄哥說請大家在上面簽名作為留念。

還記得第一次見到Azusa姊姊的時候，我曾經送給她台灣茶葉，她非常喜歡。剛好我行李箱還有最後幾包也不錯的台灣茶，我就打算今天一起送給她，跟她致謝。

來到日本電通辦公室，Azusa親切的接待我，把閉幕式的門票還有採訪證給我，比較可惜的是，原本我以為會有四張採訪證跟兩張入場門票，這樣就可以六個人進場參加閉幕式，但最後只有通過兩張採訪證跟兩張門票，也就是四個人可以入場。

不管四個人還是六個人都沒關係，就讓長勳和忻志帶 Sally 和 Winnie 去閉幕，我和雄哥就多出更多時間可以進行奧運最終巡禮。

我趕快跟 Azusa 詢問，可不可以拿一張海報，給我們帶回去作紀念，她二話不說給了我一大一小兩張海報，我請她在上面第一個簽名，然後再拿出台灣茶葉給她。

「這段期間真的非常感謝妳的幫忙，不好意思過程中對妳有時候態度不是那麼友善，謝謝妳的諒解。你們是很棒的合作夥伴，辛苦你們了。」我發自內心感謝 Azusa。

結果 Azusa 也是一個性情中人，眼睛充滿感動地看著我拿給她的台灣茶……不是啦！充滿感動地看著我。

「Blue 桑，台灣愛爾達真的是日本電通非常友好的合作單位，也謝謝妳一直都遵守理解我們的相關規定，希望明年杭州亞運還會再見到妳。」Azusa 姊姊邊說還是把專注力放在研究台灣茶葉品種。

Azusa 姊姊就是非常典型的日本女生，非常矜持客氣也非常守規矩，基本上不太開玩笑，我有一度想嘗試跟她開玩笑，但她都沒什麼反應，不過來到奧運最後，她也比較放鬆了，最後她還偷偷跟我抱怨。

「台灣媒體真的是這次最守規矩的單位，其他國家媒體一直違規，我們都警告好多次了，他們還是一直違規，真的有時候很受不了。」Azusa 姊姊說。

「蛤，真的假的！那你們有提報東奧方，請他們處置處罰嗎？」我忍不住好奇。

「沒有呀！只能一直『口頭警告』，我們主管不希望把事情鬧大，變成我們夾在各國媒體還有電通高層中間也很為難。」Azusa 姊姊嘆了口氣說。

聽完 Azusa 姊姊的分享，我深深覺得台灣人不但天真還守規矩，原來各國媒體都不斷在挑戰奧運規定的極限，只有我們乖乖聽話說一不二。如果這些事發生在奧運前期，我一定會很生氣，為什麼某某國家媒體可以，我們就不行。

但經過整趟東京奧運的洗禮，我覺得只要能夠完成任務，守規矩本來就是應該的，我們出國採訪代表的也是台灣，做好國民外交人人有責。

而且整趟下來確實交了很多外國好朋友，也受到很多友好的協助。

「記得叫你們老闆要派你來亞運喔！」Azusa 最後再次提醒我。

拿著海報回到愛爾達國際轉播中心辦公室，給大家在上面簽名。隨後我、雄哥、長勳、忻志，一行人就前往臨時 PCR 核酸檢測中心完成檢測。

一路上經過主媒體中心，我忍不住又走進去巡禮，這裡也有太多回憶，每次找不到工作的地方，第一個想到的就是回來主媒體中心，一定會有座位，也一定會有完善的作業環境，讓每則奧運新聞都能傳回台灣，感謝主媒體中心保佑我一路順利。

我把閉幕式的採訪證還有入場門票交給長勳，並且跟他交代閉幕式的注意事項，還有國立競技場主場館的空間配置，方便他前往作業可以很快找到相對位置。

隨後長勳和忻志就準備去找 Sally、Winnie 會合，一同搭乘接駁車前往閉幕式。

我和雄哥看了看時間，才剛過中午而已，但大部分通往場館的接駁車，都因為賽程結束而停駛，我最後想了想，那不如再去其它的東奧官方商店血拚一下，因為我實在很想再多買幾隻晴天娃娃。

主媒體中心和國際轉播中心那個小小的東奧商店，是絕對不考慮的！而且商店外大排長龍。

台場那家也去過兩次了，最後我們決定去東京車站旁邊一個複合式購物中心的東奧官方商店探店，搭上東奧計程車就出發了。

最後一次來媒體中心。

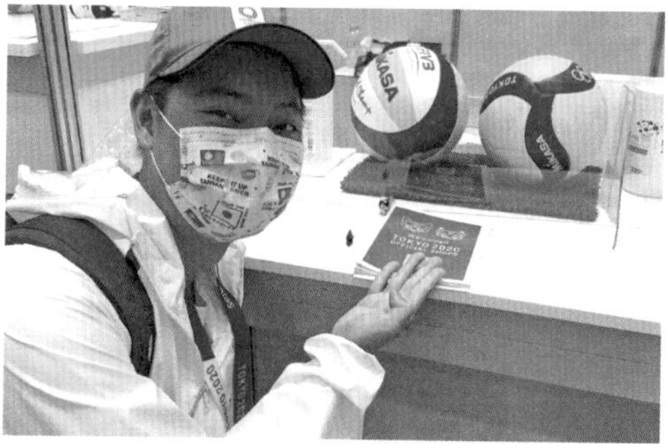

東奧官方指定沙排、排球用球。

東奧期間一「車」難求的計程車，在東京車站商店貨源充足。

東奧官方商店就在東京車站旁邊的商場二樓，一走進店裡同樣人潮爆滿，大部分都是當地人想要趁奧運尾聲來搶購商品。這間東奧商品店雖然很多人，但空間和貨源都很充足，從最基本的鑰匙圈、徽章，到人氣很夯的東奧計程車模型，還有我也有買的劍玉，應有盡有，但還是獨缺最想要的晴天娃娃！看來真的無緣了，看來看去好像想買的都買了，默默逛一逛結帳時又花了五、六千日圓。

結束東奧最後的紀念品採購之旅，回到飯店把中華隊回顧新聞製作完畢，我傳訊息關心一下長勳閉幕式的採訪情況，他回覆一切都很順利。

過了一段時間，我傳了一封訊息給長勳：

『謝謝你這整趟的無條件力挺，很開心能夠一起並肩作戰，也很慶幸愛爾達內部非常團結，共同打出美好的一仗，辛苦了。』

說實在話，一開始我確實很擔心長勳會出各種狀況，但整個奧運下來，他都穩穩地完成採訪工作，也會在我被欺負的時候跳出來力挺我，不論是我分派給他的什麼任務，他都使命必達，從來沒有抱怨過我的分派，這點我發自內心感謝他，或許也是在出發前先把架吵一吵，可以帶著共同的默契來到東京，共同以愛爾達的榮譽為第一考量，才會有這樣還不錯的成績單。

謝謝愛爾達，「長魏連線，雄忻壯志」結束任務，準備要回家了。

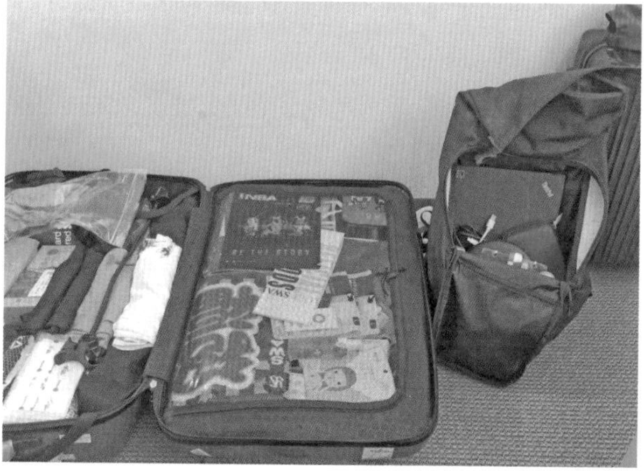

滿滿的回憶與紀念品，準備回台灣了。

愛爾達採訪組，任務完成！
（左起李長勳、魏楚育、郭雅雄、謝忻志）

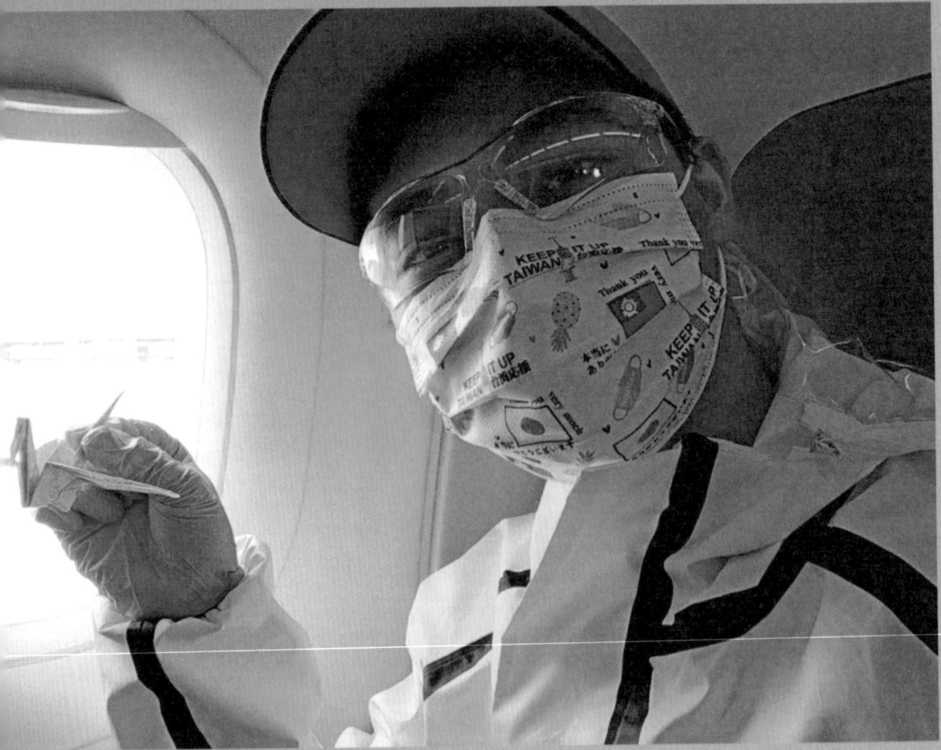
KEEP IT UP
TAIWAN
Thank you

東京奧運

18 Homecoming Day

2021

8.9

2021.8.9

走，回家吧！

東京奧運正式結束，東奧官方這次的防疫規定，所有運動員在比完賽後的三天內必須離境，國際媒體除非是要接著採訪帕林匹克運動會（殘障奧運會），不然也必須在閉幕後三天離境返國。

我們預計乘坐日本時間下午一點三十分的飛機返台，由於前幾天那位東奧防疫辦公室的中國大哥，就有跟我提醒要提前四小時到機場會比較妥當，避免人潮擁擠和塞車。

我們早上不到十點就抵達成田機場，航空公司的櫃台大約十一點三十分才開櫃，大家就在大廳集中行李輪流去逛街。

沒想到成田機場出境大廳的二樓，也

疫情之下成田機場大廳人流稀疏。

有一間東奧官方商品店，而且商品數量和貨源比東京車站旁邊那間還多，門口的晴天娃娃更是多到滿出來，想買十隻、二十隻、三十隻都可以！我一口氣又買了四隻還有其他商品，結果在成田機場的東奧商品店又刷了八千多日圓。

我從第一次在東奧商品店買東西，一路累積下來，光是購買東奧商品，至少就花了四萬日圓……妥妥的東奧紀念品大富翁。

原來成田機場出境大廳的東奧商品店，當時疫情關係，能出國的日本人非常少，所以反而這裡的商店貨源都非常充足。

愛奧達東奧工作團隊合影紀念。

將近一個月的東奧出差真的結束了。

心滿意足地買完商品，回到出境大廳等待開櫃，另外兩家友台的聯訪團夥伴也來了，說實在話心裡還是多少會有些尷尬，但我還是拿著東奧海報給大家簽名。我知道我無法阻止他們說長道短，也無法阻止他們幹譙我，回國後也肯定會在媒體圈說我的壞話，但我問心無愧。

回國後曾經有一些媒體前輩來問我，在東奧跟其他聯訪團合作時的衝突，我一開始還會想認真解釋，不是這樣不是那樣。

後來我都懶得回覆了，反正人們都會選擇性相信，選擇性聽自己想聽的話。媒體圈、尤其是體育線的前輩同業要怎麼看待我，我無所謂。

相信我做人處事的人會在，重傷詆毀我的人也永遠會在，合則來，不合則去。

在機場大廳等了又快半小時，愛爾達執行長 Sally 跟 Winnie 也抵達機場跟我們會合，Sally 看到我就把我拉到旁邊說。

「楚育，這整趟東奧你表現得非常好，你的認真我們都看在眼裡，因為有你的組織領導，愛爾達才能一起表現這麼出色，謝謝你的付出也辛苦了。」

謝謝愛爾達執行長Sally（右二）及副總經理Winnie（左二）無條件支持、信任。

Sally簡單幾句話。

我已經熱淚盈眶，我想所有不為人知的委屈，真的都無所謂了，我領的是愛爾達的薪水，老闆當初願意給我機會擔任聯訪團組長、防疫聯絡官，現在高度肯定我的表現，我想這就是身為愛爾達員工最大的成就感。

辦完報到手續，通過安全檢查，慢慢來到登機口，我看著窗外的成田機場，將近一個月的東奧大爆走，真的來到尾聲，雖然心得感想一言難盡，卻也是我到目前體育記者生涯最光榮的採訪勳章。

從東京奧運開幕後，我每天都會收到許多觀眾的私訊，大部分都是肯定我的

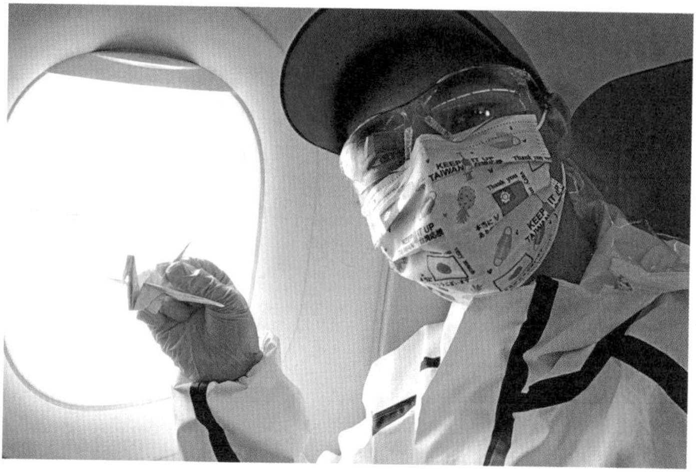

日本志工送的幸運紙鶴，陪伴我安全回家。

新聞內容，故事非常精采，讓他們意猶未盡想繼續看更多選手在東奧的小故事。

搭上飛機升空起飛，我們不像中華隊選手，回國還有戰鬥機伴飛護航，我們比選手早出發，比選手晚回家，很多人也不會記住東京奧運前線採訪的記者有誰。

但我真心熱愛體育事業，我們已經比許多人幸運，能夠在疫情之下，見證台灣選手在奧運史上最輝煌的歷史新頁，能夠用手中的電腦和攝影機，紀錄第一手報導。

我也是親朋好友眼中的奧運金牌，整趟奧運採訪高潮迭起絕無冷場，以後也還會有更多精彩體壇熱血故事等我記錄述說，所以故事的最後，還是用東京奧運最經典的新聞主持開場白，來做為冒險的結尾，也做為下一段新冒險的開頭吧！

東京奧運爭金奪銀

台灣英雄世界有名